Das Reichs-Einkommensteuergesetz

mit den Ausführungsbestimmungen

Erläutert von

Dr. R. Wassermann-München und **G. Lang**-Nürnberg
Rechtsanwälte und Syndici

in Verbindung mit

A. Kennerknecht und **Dr. L. Pißel**
Oberregierungsräte im Reichsfinanzministerium

J. Schweitzer Verlag (A. Sellier), München, Berlin, Leipzi[g]

Wassermann-Lang-Kennerknecht-Pißel
Reichseinkommensteuergesetz

Ergänzungsband:

Die Einkommensteuer vom Arbeitslohn

unter Berücksichtigung des Gesetzes vom 20. Juli 1922

Erläutert von

Dr. L. Pißel

Oberregierungsrat im Reichsfinanzministerium

1922

J. Schweitzer Verlag (A. Sellier), München, Berlin, Leipzig

Junge & Sohn, Univ.-Buchdruckerei, Erlangen

Inhaltsverzeichnis.

Verzeichnis der Abkürzungen.

AO. = Reichsabgabenordnung vom 13. Dezember 1919 (Reichsgesetzblatt S. 1993).
ARG. = Altrentnergesetz vom 18. Juli 1921 (Reichsgesetzbl. S. 953).
Aussch.Ber. = Ausschußbericht.
AVBl. = Armeeverordnungsblatt.
Amtl.Mitt. = Amtliche Mitteilungen über die Zuwachssteuer, die Reichsbesitzsteuern und die Reichsverkehrssteuern.
Begr. = Begründung zu dem Entwurf eines Gesetzes über die Einkommensteuer vom Arbeitslohn.
Best. vorl. = vorläufige Bestimmungen vom 28. Juli 1920 zur Ausführung des Gesetzes zur ergänzenden Regelung des Steuerabzugs vom Arbeitslohn vom 21. Juli 1920 (Zentralblatt für das Deutsche Reich 1920 S. 1337).
DStBl. = Deutsches Steuerblatt.
DStZ. = Deutsche Steuerzeitung.
Erl.RFM. = Erlaß des Reichsministers der Finanzen.
EStG. = Einkommensteuergesetz.
EStAB. = Ausführungsbestimmungen zum Einkommensteuergesetz.
EStADB. = Durchführungsbestimmungen zu dem Gesetz über die Einkommensteuer vom Arbeitslohn (Zentralblatt für das Deutsche Reich 1921 S. 913, 1922 S. 8 und 430).
GO. = Gewerbeordnung.
HGB. = Handelsgesetzbuch.
HVBl. = Heeresverordnungsblatt.
Jur.Wschr. = Juristische Wochenschrift.
KO. = Konkursordnung.
Kuhn = Kuhn, erläuterte Handausgabe des Einkommensteuergesetzes, derselbe die Einkommensteuer vom Arbeitslohn (Carl Heymanns Verlag 1921), derselbe der Steuerabzug vom Arbeitslohn (J. Bensheimer Verlag, Mannheim 1922).
OVGSt. = Oberverwaltungsgericht, Entscheidungen in Steuersachen Bd. ... S. ...
Popitz 1918, Popitz 1919 = Dr. Popitz, Erläuterungsbücher zu dem Umsatzsteuergesetze von 1918 und 1919.
RFH. = Sammlung der Entscheidungen und Gutachten des Reichsfinanzhofes, Bd. ..., S. ...
RGE. = Entscheidungen des Reichsgerichts in Zivilsachen Bd. ... S. ...
RStBl. = Reichssteuerblatt.
RVO. = Reichsversicherungsordnung.
Staub = Staub, Kommentar zum Handelsgesetzbuch.
Sten.Ber. = Stenographischer Bericht.
Strutz = Dr. Strutz, Handausgabe des Einkommensteuergesetzes, 3. Aufl.
Zimmermann = Zimmermann, Das Gesetz über die Einkommensteuer vom Arbeitslohn.

Vorwort.

Mit dieser Handausgabe, die eine Zusammenstellung der sämtlichen für den Steuerabzug maßgebenden Bestimmungen unter Berücksichtigung der in der Zeit seit Einführung des Steuerabzuges ergangenen Einzelverfügungen und Auslegungsregeln bringt, soll vor allem den Arbeitgebern und den Behörden eine Handhabe gegeben werden, bei den in der Praxis immer und immer wieder auftauchenden, durch die oftmaligen Änderungen hervorgerufenen Schwierigkeiten sich auf Grund der gesetzlichen Bestimmungen zu informieren. Es ist deshalb der Versuch gemacht worden, die nicht leichte Materie nach Möglichkeit zu erläutern und etwaige Zweifelsfragen kurz zu streifen. Wenn das Werkchen zu einem kleinen Teile dazu beiträgt, den Arbeitgebern die Vornahme und Berechnung des Steuerabzuges, die sich nach den Bestimmungen der letzten Einkommensteuernovelle vom 1. August ab wiederum geändert hat, zu erleichtern und den Behörden bei etwaigen, im Verkehr mit dem auskunftsuchenden Publikum auftauchenden Zweifelsfragen einen Anhalt für die zu erteilende Auskunft zu geben, so hat es seine Aufgabe erfüllt.

Da im Interesse der Praxis großer Wert auf rasche Veröffentlichung zu legen war, erscheint diese Arbeit, die ursprünglich als ein Teil der Handausgabe zum EStG. des gleichen Verlags veröffentlicht werden sollte, vor dieser als Ergänzungsband. Dem Benützer wird sich dieser Umstand nicht störend bemerkbar machen, da die Arbeit ein abgeschlossenes Ganzes bildet, dessen Brauchbarkeit in keiner Weise davon berührt wird, ob der Hauptband später bezogen wird oder nicht.

Berlin, August 1922. Pißel.

Einleitung.

Das Gesetz über die Einkommensteuer vom Arbeitslohn vom 11. Juli 1921 (Reichsgesetzbl. S. 845), dessen Vorschriften nach der Verordnung vom 25. November 1921 (Reichsgesetzbl. S. 1487), soweit sie nicht schon gemäß Art. III Satz 1 dieses Gesetzes in Kraft getreten sind, mit dem 1. Januar 1922 in Kraft getreten sind, hat durch das Gesetz zur Änderung des Einkommensteuergesetzes vom 20. Dezember 1921 (Reichsgesetzbl. S. 1580) wesentliche Änderungen erfahren. Die Änderungen beziehen sich einmal auf die Grenze, bis zu der die Steuer durch den Steuerabzug als getilgt anzusehen ist. Während es nach der ursprünglichen Fassung des Gesetzes (§ 48) bei einem gesamten steuerbaren Einkommen von nicht mehr als 24000 Mark, das entweder aus Arbeitslohn, der gemäß § 46 dem Steuerabzug unterliegt, oder aus solchem Arbeitslohn und aus sonstigem Einkommen bis zu 600 Mark besteht, einer Veranlagung nicht bedarf, die Steuer vielmehr als getilgt gilt, wenn die nach § 46 einbehaltenen Beträge gemäß § 51 vorschriftsmäßig verwendet oder abgeführt sind, ist durch das Gesetz vom 20. Dezember 1921 erstmalig für das Kalenderjahr 1922 diese Grenze auf 50000 Mark, entsprechend der Einkommensteuer, die für die ersten angefangenen oder vollen 50000 Mark des steuerbaren Einkommens 10 vom Hundert beträgt, erhöht worden. Die Beträge, um die sich der einzubehaltende Betrag von 10 vom Hundert des Arbeitslohns mindert, haben eine wesentliche Erhöhung erfahren. Der Betrag für den Steuerpflichtigen selbst und für seine zu seiner Haushaltung zählende Ehefrau ist von je 120 Mark auf 240 Mark erhöht, demnach verdoppelt worden und der Betrag von 180 Mark für jedes zur Haushaltung des Steuerpflichtigen zählende minderjährige Kind hat ebenfalls eine Verdoppelung auf 360 Mark erfahren. Der Betrag von 180 Mark jährlich zur Abgeltung der nach § 13 Abs. 1 Nr. 1—7 zulässigen Abzüge ist auf das dreifache, demnach auf 540 Mark erhöht worden.

Die als Vorschriften über die vereinfachte Besteuerung des Arbeitslohnes in das Einkommensteuergesetz eingegliederten Vorschriften der §§ 45 bis 52c haben durch das Gesetz zur Änderung des Einkommensteuergesetzes vom 20. Juli 1922 (Reichsgesetzbl. S. 607) abermals eine Veränderung erfahren. Mit Rücksicht auf die seit Dezember 1921 erheblich fortgeschrittene Geldentwertung und die dadurch hervorgerufene erhebliche Steigung der Löhne und Gehälter ist die Grenze, bis zu der die Einkommensteuer vom Arbeitslohn durch den ordnungsmäßig vorgenommenen Steuerabzug als getilgt gilt, von 50000 Mark auf 100000 Mark und die Grenze, bis zu der bei einem 100000 Mark nicht übersteigenden Einkommen, das neben dem Arbeitslohn, der dem Steuerabzug unterliegt, bezogene sonstige Einkommen nicht veranlagt werden soll, von 600 Mark auf 1200 Mark erhöht worden. Daneben ist eine erhebliche Erhöhung der Beträge, um die sich der von dem Arbeitslohne einzubehaltende Betrag von 10 vom Hundert mindert, vorgenommen worden. Diese Ermäßigungen sind auf das Jahr umgerechnet für den Steuerpflichtigen und seine zu seiner Haushaltung zählende Ehefrau von je 240 Mark auf je 480 Mark, für die minderjährigen Kinder, soweit sie kein eigenes Arbeitseinkommen beziehen und für die Kinder im Alter von nicht mehr als 17 Jahren, soweit sie eigenes Arbeitseinkommen beziehen, von je 360 Mark jährlich auf je 960 Mark jährlich erhöht worden. Desgleichen hat der Betrag von bisher 540 Mark jährlich zur Abgeltung der nach § 13 Abs. 1 Nr. 1 bis 7 zulässigen Abzüge (Werbungskostenpauschsatz) eine Verdoppelung auf 1080 Mark jährlich erfahren. Diese erhöhten Ermäßigungen finden indessen erst mit Wirkung vom 1. August 1922 mit der Maßgabe Anwendung, daß sie bei jeder Lohnzahlung für den in der Zeit nach dem 31. Juli 1922 gezahlten und nach dem 31. Juli 1922 fällig gewordenen Arbeitslohn eintreten. Bis zu diesem Zeitpunkte finden die alten Ermäßigungen Anwendung. Die Ermäßigungen setzen sich demnach im Kalenderjahr 1922 für die Monate Januar mit Juli 1922 aus den alten Ermäßigungssätzen nach dem Gesetz vom 20. Dezember 1921, für die Monate August mit Dezember 1922 aus den neuen Ermäßigungssätzen des Gesetzes vom 20. Juli 1922 zusammen.

Die nach § 52 d des Einkommensteuergesetzes zur Durchführung der auf die vereinfachte Besteuerung des Arbeitslohnes bezüglichen Vorschriften erforderlichen Anordnungen hat der Reichsminister der Finanzen in den Durchführungsbestimmungen zu dem Gesetz über die Einkommensteuer vom Arbeitslohn vom 3./22. Dezember 1921 (Zentralblatt für das Deutsche Reich 1921 S. 913 und 1922 S. 8) getroffen. Die Änderungen, die infolge des Abänderungsgesetzes vom 20. Juli 1922 sich als notwendig erwiesen haben, sind durch die Verordnung vom 21. Juli 1922 (Zentralblatt S. 430) getroffen worden. Nachstehend ist der Artikel I des Gesetzes über die Einkommensteuer vom Arbeitslohn vom 11. Juli 1921 (Reichsgesetzbl. S. 845) unter Berücksichtigung der durch die Gesetze vom 20. Dezember 1921 (Reichsgesetzbl. S. 1580 und 20. Juli 1922 (Reichsgesetzbl. S. 607) eingetretenen Änderungen und Ergänzungen abgedruckt. Die Änderungen gegenüber der seither gültigen Fassung des Gesetzes sind in der vorliegenden Ausgabe durch Fettdruck ersichtlich gemacht und erläutert.

Die Bestimmungen des Gesetzes über die Einkommensteuer vom Arbeitslohn vom 11. Juli 1921 mit den inzwischen durch die Gesetze vom 20. Dezember 1921 und 20. Juli 1922 eingetretenen Änderungen sind kein besonderes Gesetz, sondern sind an Stelle der früheren §§ 45—52 des Einkommensteuergesetzes in der Fassung vom 24. März 1921 in den Rahmen des Einkommensteuergesetzes eingegliedert worden, um damit auch nach außenhin zum Ausdruck zu bringen, daß es sich nicht etwa um eine besondere Besteuerung des Arbeitslohns, sondern lediglich um eine vereinfachte Heranziehung des Arbeitslohns zur Einkommensteuer handelt.

Gesetz

über die Einkommensteuer vom Arbeitslohn vom 11. Juli 1921.

(Reichs-Gesetzbl. S. 845.)

Der Reichstag hat das folgende Gesetz beschlossen, das mit Zustimmung des Reichsrats hiermit verkündet wird:

Artikel I.

Das Einkommensteuergesetz vom 29. März 1920 (Reichs-Gesetzbl. S. 359) und das Gesetz zur Änderung des Einkommensteuergesetzes vom 24. März 1921 (Reichs-Gesetzbl. S. 313) werden wie folgt geändert:

1. Die §§ 45 bis 52 werden durch folgende Vorschriften ersetzt:

Vereinfachte Besteuerung des Arbeitslohns.*)

§ 45.

(1) Der Arbeitslohn wird in vereinfachter Form nach §§ 46 bis 52 d besteuert; soweit diese Vorschriften nichts anderes bestimmen, finden die allgemeinen Vorschriften des Gesetzes Anwendung.

(2) Als Arbeitslohn im Sinne des Abs. 1 gilt der Gesamtbetrag der Einkünfte, die in öffentlichem oder privatem Dienste beschäftigte oder angestellte Personen aus dieser Beschäftigung oder Anstellung, gleichviel unter welcher Bezeichnung oder in welcher Form beziehen. Als Arbeitslohn gelten auch Wartegelder, Ruhegehälter, Witwen- und Waisenpen-

---

*) Die hier abgedruckten Bestimmungen über die vereinfachte Besteuerung des Arbeitslohns berücksichtigen bereits die infolge des Gesetzes zur Abänderung des Einkommensteuergesetzes vom 20. Juli 1922 (Reichs-Gesetzbl. S. 607) eingetretenen Änderungen. Die Änderungen gegenüber der seither gültigen Fassung des Gesetzes sind bei den Erläuterungen durch Fettdruck ersichtlich gemacht.

sionen, und andere Bezüge oder geldwerte Vorteile für frühere Dienstleistung oder Berufstätigkeit. Zum Arbeitslohne gehören nicht Entgelte für Lieferungen und sonstige Leistungen, die der Umsatzsteuer auf Grund des Umsatzsteuergesetzes vom 24. Dezember 1919 (Reichs-Gesetzbl. S. 2157) unterliegen. Der Reichsminister der Finanzen kann nähere Bestimmungen über die Voraussetzungen erlassen, unter denen ein Entgelt als Arbeitslohn anzusehen ist.

§ 46.

(1) Der Arbeitgeber hat vom Arbeitslohn einen Betrag von zehn vom Hundert unter Berücksichtigung der im Abs. 2, 6 vorgesehenen Ermäßigungen für Rechnung des Arbeitnehmers einzubehalten.

(2) Der Betrag von zehn vom Hundert (Abs. 1) des Arbeitslohns ermäßigt sich:

1. für den Steuerpflichtigen und für seine zu seiner Haushaltung zählende Ehefrau
   a) im Falle der Zahlung des Arbeitslohns für volle Monate um je 40 Mark monatlich,
   b) im Falle der Zahlung des Arbeitslohns für volle Wochen um je 9,60 Mark wöchentlich,
   c) im Falle der Zahlung des Arbeitslohns für volle Arbeitstage um je 1,60 Mark täglich,
   d) im Falle der Zahlung des Arbeitslohns für kürzere Zeiträume um je 0,40 Mark für je zwei angefangene oder volle Arbeitsstunden;
2. für jedes zur Haushaltung des Steuerpflichtigen zählende minderjährige Kind im Sinne des § 17 Abs. 2
   a) im Falle der Zahlung des Arbeitslohns für volle Monate um 80 Mark monatlich,
   b) im Falle der Zahlung des Arbeitslohns für volle Wochen um 19,20 Mark wöchentlich,
   c) im Falle der Zahlung des Arbeitslohns für volle Arbeitstage um 3,20 Mark täglich,
   d) im Falle der Zahlung des Arbeitslohns für kürzere Zeiträume um 0,80 Mark für je zwei angefangene oder volle Arbeitsstunden.

   Kinder im Alter von mehr als 17 Jahren, die Arbeitseinkommen beziehen, werden nicht gerechnet;
3. zur Abgeltung der nach § 13 Abs. 1 Nr. 1 bis 7 zulässigen Abzüge

a) im Falle der Zahlung des Arbeitslohns für volle Monate um 90 Mark monatlich,

b) im Falle der Zahlung des Arbeitslohns für volle Wochen um 21,60 Mark wöchentlich,

c) im Falle der Zahlung des Arbeitslohns für volle Arbeitstage um 3,60 Mark täglich,

d) im Falle der Zahlung des Arbeitslohns für kürzere Zeiträume um 0,90 Mark für je zwei angefangene oder volle Arbeitsstunden.

Auf Antrag ist eine Erhöhung dieser Beträge zuzulassen, wenn der Steuerpflichtige nachweist, daß die ihm zustehenden Abzüge im Sinne des § 13 Abs. 1 Nr. 1 bis 7 den Betrag von 10 800 Mark um mindestens 1200 Mark übersteigen. Über den Antrag entscheidet das Finanzamt.

Stehen Abzüge im wirtschaftlichen Zusammenhange mit anderem Einkommen als Arbeitslohn, so sind sie zunächst von dem anderen Einkommen abzusetzen; nur insoweit diese Abzüge das andere Einkommen übersteigen, sind sie in die Abgeltung einbegriffen.

(3) Für die nach Abs. 2 Nr. 1, 2 abzusetzenden Beträge ist der Familienstand des Arbeitnehmers am 1. Oktober des vorangegangenen Jahres für ein Kalenderjahr maßgebend. Der Reichsminister der Finanzen kann einen anderen Stichtag festsetzen.

(4) Bezieht ein Steuerpflichtiger neben den laufenden Bezügen sonstige, insbesondere einmalige Einnahmen (Tantiemen, Gratifikationen usw.), so wird der von diesen Einnahmen einzubehaltende Betrag von zehn vom Hundert ohne Berücksichtigung der im Abs. 2 vorgesehenen Beträge abgezogen.

(5) Dienstaufwandsentschädigungen im Sinne des § 34 Abs. 1 bis 3 bleiben bei Feststellung des einzubehaltenden Betrags außer Ansatz.

(6) Wird der Arbeitslohn nicht für eine bestimmte Arbeitszeit gezahlt, so tritt an die Stelle der Ermäßigungen nach Abs. 2 eine feste Ermäßigung von fünf vom Hundert des Arbeitslohns.

(7) Die Bestimmungen über die Abrundung des einzubehaltenden Betrags erläßt der Reichsminister der Finanzen.

§ 47.

Die im § 46 Abs. 2 Nr. 2 vorgesehene Ermäßigung ist auf Antrag auch für mittellose Angehörige zu gewähren, die von dem Steuerpflichtigen unterhalten werden. Über den Antrag entscheidet das Finanzamt.

§ 48.

(1) Übersteigt das gesamte steuerbare Einkommen nicht den Betrag von 100 000 Mark und besteht es entweder aus Arbeitslohn, der gemäß § 46 dem Steuerabzug unterliegt, oder aus solchem Arbeitslohn und aus sonstigem Einkommen bis zu 1200 Mark, so bedarf es einer Veranlagung nicht; die Steuer gilt als getilgt, wenn die nach § 46 einbehaltenen Beträge gemäß § 51 vorschriftsmäßig verwendet oder abgeführt sind.

(2) Übersteigt das gesamte steuerbare Einkommen nicht den Betrag von 100 000 Mark und besteht es außer aus Arbeitslohn, der gemäß § 46 dem Steuerabzug unterliegt, aus sonstigem Einkommen über 1200 Mark, so bedarf es einer Veranlagung nur für das sonstige Einkommen; die auf den Arbeitslohn entfallende Steuer gilt als getilgt, wenn die nach § 46 einbehaltenen Beträge gemäß § 51 vorschriftsmäßig verwendet oder abgeführt sind. Hierbei dürfen Abzüge nach § 26 Abs. 1 nur noch insofern vorgenommen werden, als sie bei der Einbehaltung gemäß § 46 nicht berücksichtigt worden sind.

(3) Übersteigt das gesamte steuerbare Einkommen den Betrag von 100 000 Mark, so finden die allgemeinen Vorschriften mit der Maßgabe Anwendung, daß der Steuerpflichtige auf die Steuerschuld eines Kalenderjahres im Sinne des § 29 nur den Betrag zu entrichten hat, um den diese Steuerschuld den auf den Arbeitslohn in dem gleichen Kalenderjahr einbehaltenen und vorschriftsmäßig verwendeten Betrag übersteigt. Insoweit dieser Betrag über die Steuerschuld hinausgeht, ist er nach der Veranlagung in bar zu erstatten.

§ 48 a.

(1) Soweit eine Veranlagung erfolgt ist, hat der Steuerpflichtige Vorauszahlungen bis zum Empfange des nächsten Steuerbescheids gemäß § 42 Abs. 1 nur in Höhe des auf die Steuerschuld zu entrichtenden Betrags zu leisten.

(2) Fällt infolge Änderung der Erwerbsverhältnisse voraussichtlich für den Rest des Kalenderjahrs der Bezug von Arbeitslohn weg, so kann nach näherer Anordnung des Reichsministers der Finanzen die bis zum Empfange des nächsten Steuerbescheids zu leistende Vorauszahlung nach dem mutmaßlichen Betrage des für dieses Kalenderjahr steuerbaren Einkommens festgesetzt werden.

§ 49.

(1) Steuerpflichtige, deren gesamtes steuerbares Einkommen 100 000 Mark nicht übersteigt, können Veranlagung zur Einkommensteuer beantragen:

1. wenn bei Zugrundelegung der Vorschrift des § 13 Abs. 1 Nr. 1 bis 7 die nach dieser Vorschrift zulässigen Abzüge den Betrag von 12 000 Mark übersteigen und nicht schon gemäß § 46 Abs. 2 Nr. 3 berücksichtigt sind, es sei denn, daß der Unterschied zwischen dem einbehaltenen Betrag und dem auf Veranlagung zu erhebenden Betrag nicht mehr als 90 Mark beträgt;
2. wenn die Voraussetzungen des § 26 Abs. 2 oder des § 44 vorliegen;
3. wenn die nach § 26 Abs. 1, § 47 zulässigen Ermäßigungen bei den einbehaltenen Beträgen nicht voll berücksichtigt sind.

(2) Sind einem Steuerpflichtigen, dessen gesamtes steuerbares Einkommen 100 000 Mark nicht übersteigt, infolge teilweiser Erwerbslosigkeit die nach § 46 Abs. 2 zulässigen Ermäßigungen nicht voll in Anrechnung gebracht worden oder sind die Voraussetzungen für die Anwendung des § 26 Abs. 2 gegeben, so sind ihm diese Beträge insoweit auf Antrag in bar zu erstatten.

(3) Anträge auf Grund des Abs. 1 sind mit einer Einkommensteuererklärung zu verbinden und innerhalb der Frist für die Abgabe dieser Erklärungen zu stellen; § 68 der Reichsabgabenordnung gilt entsprechend. Auf die veranlagte Einkommensteuer wird der vom Arbeitgeber einbehaltene und vorschriftsmäßig verwendete Betrag angerechnet. Der anrechnungsfähige Betrag wird bar erstattet, soweit er den Betrag der Einkommensteuer übersteigt oder Einkommensteuer nicht zu entrichten ist.

§ 50.

(1) Der Arbeitnehmer ist verpflichtet, sich vor Beginn eines jeden Kalenderjahres oder vor Beginn eines Dienstverhältnisses von der Gemeindebehörde seines Wohnorts ein Steuerbuch ausstellen zu lassen.

(2) Weist der Arbeitnehmer vor Ablauf des ersten Kalendervierteljahrs nach, daß die Zahl der Personen, für die der Abzug am Arbeitslohne sich gemäß § 46 Abs. 2 Nr. 2 und § 47 ermäßigt, um wenigstens zwei größer ist als im Steuerbuch angegeben, so hat im Falle des § 46 Abs. 2 Nr. 2 die Gemeindebehörde, im Falle des § 47 das Finanzamt auf seinen Antrag diese Tatsache im Steuerbuch zu vermerken. In diesem Falle tritt die Ermäßigung für die neu hinzugekommenen Personen bei der ersten Lohnzahlung im zweiten Kalendervierteljahr in Kraft.

§ 51.

(1) Bei jeder Lohn- oder Gehaltszahlung hat der Arbeitnehmer sein Steuerbuch dem Arbeitgeber vorzulegen. Dieser hat in Höhe des einbehaltenen Betrags Steuermarken in das Steuerbuch einzukleben und zu entwerten.

(2) Der Reichsminister der Finanzen kann ein vom Abs. 1 abweichendes Verfahren anordnen und insbesondere bestimmen, daß die Verwendung von Steuermarken unterbleibt und die Einzahlung des vom Arbeitslohn einbehaltenen Betrags durch den Arbeitgeber unmittelbar bei der Finanzkasse erfolgt.

§ 52.

(1) Der Arbeitgeber haftet dem Reiche für die Einbehaltung und Entrichtung der in den §§ 46, 47 bestimmten Beträge neben dem Arbeitnehmer als Gesamtschuldner.

(2) Die Haftung des Arbeitnehmers beschränkt sich auf die Fälle, in denen

1. der Arbeitnehmer den Arbeitslohn nicht vorschriftsmäßig gekürzt erhalten hat;
2. der Arbeitgeber die einbehaltenen Beträge nicht vorschriftsmäßig verwendet hat und dem Arbeitnehmer dies bekannt ist; in diesem Falle erlischt die Haftung, wenn der Arbeitnehmer dem Finanzamt von dieser Kenntnis unverzüglich Mitteilung macht.

§ 52a.

Ob und inwieweit im Einzelfalle die Vorschriften der §§ 45 bis 47, 50 und 51 anzuwenden sind, entscheidet auf Anrufen eines der Beteiligten das Finanzamt. Gegen die Entscheidung des Finanzamts ist nur die Beschwerde an das Landesfinanzamt zulässig.

§ 52b.

Soweit nach gesetzlicher Vorschrift die Veranlagung zur Einkommensteuer als Grundlage für Besteuerungsrechte von Körperschaften des öffentlichen Rechts zugelassen ist und die auf den Arbeitslohn entfallende Einkommensteuer nach den Vorschriften dieses Gesetzes nicht veranlagt wird, gelten die nach § 46 einbehaltenen und gemäß § 51 vorschriftsmäßig verwendeten oder abgeführten Beträge als veranlagt.

§ 52c.

Die Träger der Reichsversicherung nach der Reichsversicherungsordnung und die Träger der Versicherung nach dem Versicherungsgesetz für Angestellte haben den Finanzbehörden jede zur Durchführung der §§ 45 bis 52 und der den Finanzämtern obliegenden Prüfung und Aufsicht dienliche Hilfe zu leisten. Insoweit finden die Vorschriften des § 142 der Reichsversicherungsordnung und des § 350 des Versicherungsgesetzes für Angestellte keine Anwendung.

§ 52d.

Die zur Durchführung der Vorschriften der §§ 45 bis 52c erforderlichen Anordnungen trifft der Reichsminister der Finanzen.

Erläuterungen.

§ 45.

Allgemeine Bestimmungen.

(1) Der Arbeitslohn wird in vereinfachter Form nach §§ 46 bis 52d besteuert; soweit diese Vorschriften nichts anderes bestimmen, finden die allgemeinen Vorschriften des Gesetzes Anwendung [1]).

(2) [2]) Als Arbeitslohn [3]) im Sinne des Abs. 1 gilt [4]) der Gesamtbetrag der Einkünfte, die in öffentlichem oder privatem Dienste beschäftigte oder angestellte Personen aus dieser Beschäftigung oder Anstellung, gleichviel unter welcher Bezeichnung oder in welcher Form beziehen [5, 6]). Als Arbeitslohn gelten auch Wartegelder, Ruhegehälter, Witwen- und Waisenpensionen und andere Bezüge oder geldwerte Vorteile für frühere Dienstleistung oder Berufstätigkeit [7, 8, 9, 10, 11, 12, 13]). Zum Arbeitslohn gehören nicht Entgelte für Lieferungen und sonstige Leistungen, die der Umsatzsteuer auf Grund des Umsatzsteuergesetzes vom 24. Dezember 1919 (Reichs-Gesetzbl. S. 2157) unterliegen [14]). Der Reichsminister der Finanzen kann nähere Bestimmungen über die Voraussetzungen erlassen, unter denen ein Entgelt als Arbeitslohn anzusehen ist.

1. Der § 45 enthält zunächst den Grundgedanken, daß der Arbeitslohn in vereinfachter Form nach Maßgabe der §§ 46 ff. besteuert werden soll. Da er wie jedes andere Einkommen der Einkommensteuer unterliegt, finden auf ihn alle allgemeinen Vorschriften Anwendung, sofern nicht in den §§ 46 ff. Abweichendes bestimmt ist. Die wesentliche Abweichung enthält der § 48. Nach dieser Vorschrift findet die Besteuerung (Veranlagung und Erhebung) des Arbeitslohnes in vereinfachter Form in der Weise statt, daß, soweit der Arbeitslohn den Betrag von 100 000 Mark nicht übersteigt, die Steuer als getilgt gilt, wenn der Arbeitslohn vorschriftsmäßig gekürzt und der gekürzte Betrag vorschriftsmäßig verwendet ist. Übersteigt das gesamte steuerbare Einkommen den Betrag von 100 000 Mark, so tritt nur eine Vereinfachung in der Form der Erhebung ein, während die Veranlagung nach den allgemeinen Vorschriften des Einkommensteuergesetzes durchgeführt wird.

2. Die Begründung bemerkt dazu auf Seite 6: „Abs. 2 bestimmt, was als Arbeitslohn im Sinne der Vorschriften über die vereinfachte Einkommensteuer anzusehen ist. Nach dem geltenden Gesetz sind Arbeitslohn nur die im § 9 Nr. 1 bezeichneten Bezüge aus der Arbeit. Das hat sich als zu eng erwiesen, weil auch Bezüge der im § 9 Nr. 2 und 4 bezeichneten Art Arbeitslohn darstellen können. Daher ist im Art. I Nr. 2 das Wort „(Arbeitslohn)" im § 9 Nr. 1 am Ende gestrichen. Soweit sie sich als Arbeitslohn darstellen, können also außer den im § 9 Nr. 1 auch die im § 9 Nr. 2 und 4 bezeichneten Bezüge der vereinfachten Einkommensteuer unterliegen; die im § 9 Nr. 3 bezeichneten Wartegelder u. s. w. sind dem geltenden § 51 entsprechend ausdrücklich aufgeführt. Darüber hinaus können aber auch sonstige Bezüge, die sich als Arbeitslohn darstellen, darunter fallen, weil im § 9 das Einkommen aus Arbeit nicht erschöpfend bestimmt ist, sondern nur die Hauptfälle aufgezählt werden. Wesentlich für die Frage, ob ein Bezug sich als Arbeitslohn darstellt, ist der Umstand, ob er der Umsatzsteuer nicht unterliegt. Aus dem Wesen der Umsatzsteuer und ihrem Grundprinzip, dem der Überwälzung, ergibt sich, daß der Umsatzsteuer nur solche Personen unterliegen können, deren Tätigkeit rechtlich auf Grund eigener Entschließung zu Umsätzen führt. Begriffsnotwendig ist also die Selbständigkeit. Selbständig ist nach anerkannter Rechtsprechung nur, wer für eigene Rechnung und unter eigener Verantwortung die Tätigkeit ausübt. Gerade umgekehrt liegt es beim Arbeitslohn, der bezogen wird für eine Tätigkeit, in der sich der Arbeitnehmer den Weisungen eines anderen, des Arbeitgebers, unterwirft. Diesem Gedanken entsprechend bestimmt der Entwurf, daß zum Arbeitslohn nicht Entgelte für Lieferungen und sonstige Leistungen gehören, die der Umsatzsteuer unterliegen. Ferner soll der Reichsminister der Finanzen nähere Bestimmungen über die Voraussetzungen erlassen können, unter denen ein Bezug als Arbeitslohn den Vorschriften über die vereinfachte Einkommensteuer unterliegt oder als sonstiges Einkommen nach allgemeinen Vorschriften versteuert wird."

3. Das Gesetz über die Einkommensteuer vom Arbeitslohn vom 11. Juli 1921 hat den Begriff des Arbeitslohns gegenüber dem bisher geltenden Gesetz, in dem als Arbeitslohn nur die im § 9 Nr. 1 aufgeführten Bezüge bezeichnet waren und nur durch die Bestimmung des § 51 die Vorschriften über den Steuerabzug auch auf die Bezüge des § 9 Nr. 3 ausgedehnt worden waren, wesentlich erweitert, so daß nunmehr Voraussetzung für die Annahme, daß ein Arbeitslohn vorliegt, in erster Linie — neben dem Vorliegen eines Beschäftigungs- oder Anstellungsverhältnisses — das ist, daß es sich um Einkünfte handelt. Einkünfte sind alle in Geld oder Geldeswert bestehenden Einnahmen und alle Geldwert besitzenden Einnahmevorteile ohne Rücksicht auf ihre Bezeichnung oder die Form, unter der sie gewährt werden. Demnach gehören zu den Einkünften neben den Barbezügen auch der Wert der freien Wohnung oder Kleidung, der Deputate und der sonstigen an Stelle des Arbeitslohns oder neben diesem gewährten Natural- und Sachbezüge. Da an sich nicht erforderlich ist, daß die Einkünfte nach den Vorschriften des Einkommensteuergesetzes zum steuerbaren Einkommen gehören, würden an sich auch die im § 12 erschöpfend aufgezählten, einmaligen und periodischen Einkünfte, die nicht zum steuerbaren Einkommen gehören, zum Arbeitslohn zu rechnen sein, soweit die übrigen Voraussetzungen für die Annahme eines Arbeitslohnes erfüllt sind. Daß durch das Gesetz über die Einkommensteuer vom Arbeitslohn nicht etwa beabsichtigt war, die Bezüge des § 12, soweit sie aus einem Anstellungs- oder Beschäftigungsverhältnis herrühren, der vereinfachten Besteuerung und damit dem Abzug zu unterwerfen, ergibt sich aus der Begründung (S. 6). Da indessen im

Gesetze selbst nicht gesagt ist, daß zu den Einkünften im Sinne des § 45 Abs. 2 nicht die Einkünfte gehören sollen, die nach dem Einkommensteuergesetz nicht als steuerbares Einkommen gelten, ist im § 6 EStADB. angeordnet, daß die nach § 12 Nr. 6 bis 11 nicht zum steuerbaren Einkommen gehörigen Bezüge auch nicht als Arbeitslohn gelten sollen.

4. Gleichviel ob das gesamte steuerbare Einkommen 100 000 Mark übersteigt oder nicht (§ 15 EStADB.).

5. Die hiernach in Betracht kommenden Einkünfte sind jedoch nur dann Arbeitslohn, wenn die die Einkünfte beziehenden Personen im öffentlichen oder privaten Dienste beschäftigt oder angestellt sind und die Einkünfte aus dieser Beschäftigung oder Anstellung beziehen. Die erste Voraussetzung trifft zu, wenn die die Einkünfte beziehende Person eine Erwerbstätigkeit in Diensten eines Dritten, also in Diensten einer physischen oder juristischen Person oder eines sonstigen Rechtsgebildes des öffentlichen oder bürgerlichen Rechtes ausübt (Kuhn, Der Steuerabzug vom Arbeitslohn, S. 26). In Diensten eines Dritten übt aber eine Person nur dann eine Erwerbstätigkeit aus, wenn ihr für diese Tätigkeit die Selbständigkeit fehlt. Die Einkünfte müssen ferner aus einer Beschäftigung oder Anstellung bezogen werden, dies wird dann der Fall sein, wenn die Tätigkeit, die der Arbeitnehmer auf Grund des Beschäftigungs- oder Anstellungsverhältnisses auszuüben hat, den Bezug der Einkünfte veranlaßt (Kuhn a. a. O. S. 27). M. a. W. alle die Bezüge, die ihren Grund in geleisteten Diensten haben, gehören zum Arbeitslohn. (Über die Abgrenzung gegenüber der Umsatzsteuer s. Anm. 14). Es gehören demnach zum Arbeitslohn z. B. die Gehälter der Reichs-, Staats- und Gemeindebeamten, der Geistlichen, Kirchenbeamten, Lehrer, Militärpersonen, Gehälter der Privatbeamten und Privatangestellten, die Löhne (feste oder Akkordlöhne) der Arbeiter, die Tantiemen der Angestellten und Arbeiter, sonstige Zuwendungen (Gratifikationen, Trinkgelder, Neujahrs- und Weihnachtsgeschenke), soweit sie ihren Grund in geleisteten Diensten haben. Überhaupt jede in Geld oder Geldeswert bewirkte einmalige oder wiederkehrende Vergütung für Arbeitsleistung, aus einem Beschäftigungs- oder Anstellungsverhältnis, jede in Geld oder Geldeswert bestehende Einnahme, die für den Arbeitnehmer das ihm von einem Dritten gewährte Entgelt für eine persönliche, unselbständige Tätigkeit darstellt. Ohne Bedeutung ist es, ob die Dienstleistung eine einmalige, dauernde oder vorübergehende ist, ob sie eine erlaubte oder unerlaubte, sittliche oder unsittliche ist, ob die Vergütung für körperliche oder geistige Arbeit, für Arbeit höherer oder niederer Art geleistet wird. Die Benennung der Einkünfte ist bedeutungslos für die Frage, ob es sich bei ihnen um Arbeitslohn handelt, es gehören deshalb zum Arbeitslohn auch Teuerungszulagen, Kinder- und Ortszulagen, Ministerialzulagen, Besatzungszulagen, Wohnungsgeldzuschüsse, Wirtschaftsbeihilfen, Entschuldungszulagen, Unterhaltsbeiträge, Überteuerungszuschüsse u. s. w., ebenso auch Unterstützungen an Beamte, die ihren Beweggrund in geleisteten Diensten haben und mit Rücksicht auf das Dienstverhältnis, wenn auch zur Behebung einer augenblicklichen Notlage gewährt werden (a. A. hinsichtlich der Unterstützungen Zimmermann S. 56). Auch die Form, in der die Einkünfte bezogen werden, ist ohne Bedeutung. Sie können ganz in bar oder teils in bar, teils in Naturalbezügen bezogen werden und sie sind auch Arbeitslohn, wenn sie ausschließlich in Naturalien bezogen werden.

6. Es kann fraglich erscheinen, unter welchen Voraussetzungen ein Entgelt nach § 9 Nr. 2, das das Arbeitseinkommen der Angehörigen der freien Berufe betrifft, als Arbeitslohn angesehen werden kann. § 9 Nr. 2

setzt ja gerade im Gegensatz zu § 9 Nr. 1 voraus, daß die Tätigkeit nicht innerhalb eines Beamten-, Angestellten- oder Arbeitsverhältnisses erfolgt; liegt ein Angestellten- u. s. w. Verhältnis vor, so fällt der Erwerb unter § 9 Nr. 1. Es wird dabei wohl nur an die Fälle gedacht sein, in denen ein Angehöriger eines freien Berufes nebenher noch in einem Anstellungs- oder Beschäftigungsverhältnis zu einem Arbeitgeber steht, z. B. ein Rechtsanwalt als Direktor einer Erwerbsgesellschaft, ein Privatlehrer als Angestellter einer Lehranstalt. In diesem Falle fallen die Bezüge des Rechtsanwaltes als Direktor und des Privatlehrers als Angestellten einer Lehranstalt unter den Begriff des Arbeitslohns, während die Einnahmen des Rechtsanwalts aus der Praxis und die des Privatlehrers (abgesehen von den Bezügen aus dem Anstellungsverhältnis) unter § 9 Nr. 2 und damit unter die Umsatzsteuer fallen.

7. Es gehören ferner zum Arbeitslohn Wartegelder, Ruhegehälter, Witwen- und Waisenpensionen und andere Bezüge oder geldwerte Vorteile für frühere Dienstleistung oder Berufstätigkeit. Nach dem früheren Recht war im § 51 ausdrücklich bestimmt, daß die Vorschriften der §§ 45 bis 50 auch für die sonstigen Fälle des § 9 Nr. 1 und für die Fälle des § 9 Nr. 3 entsprechend gelten. Ob diese Bezüge aus öffentlichen Kassen oder von privaten Gesellschaften oder von Einzelpersonen gezahlt werden, ist ohne Belang. Gleichgültig ist auch, ob es sich um periodisch oder unregelmäßig wiederkehrende, ob um einmalige oder lebenslängliche, zeitlich beschränkte oder vererbliche Bezüge handelt. Die „anderen Bezüge oder geldwerten Vorteile" müssen auch nicht für eine frühere Dienstleistung oder Berufstätigkeit desjenigen bezogen werden, der sie jetzt bezieht, sondern sie können auch für eine frühere Dienstleistung oder Berufstätigkeit eines Dritten bezogen werden. Voraussetzung ist aber, daß eine frühere Dienstleistung oder Berufstätigkeit für den den Bezug Gewährenden der Grund zu der Gewährung an den nunmehrigen Bezieher ist Strutz S. 71).

8. Die Bezüge aus der reichsgesetzlichen Angestellten-, Unfall-, Invaliden- und Hinterbliebenenversicherung, die nach dem Gesetze vom 11. Juli 1921 als Arbeitslohn gelten sollten, sind bei der Novelle vom 20. Dezember 1921 wieder in Wegfall gekommen. Sie gehören daher nicht zum Arbeitslohn im Sinne des § 45 Abs. 2, sondern zu den sonstigen Einnahmen im Sinne des § 11 und unterliegen nicht dem Steuerabzug.

9. Auch Einnahmen aus § 9 Nr. 4 können zum Arbeitslohn gehören, sofern sie aus einer Beschäftigung oder Anstellung im öffentlichen oder privaten Dienste bezogen werden.

10. Im einzelnen:

a) Barbezüge:

1. Die Form der Entlohnung kann auch in Gestalt von Beteiligung am Reingewinn erfolgen. Daß die Entlohnung sich nach dem Geschäftsgewinn richtet und darnach in dem einem Jahre größer ist, in dem anderen geringer, kann für das Vorhandensein eines stillen Gesellschafters nicht ausschlaggebend sein. Es ist nicht selten, daß von gewerblichen Unternehmern Bediensteten in leitender Stellung, um ihre Interessen an einer günstigen Entwickelung des Unternehmens zu stärken, neben einem festen Gehalt noch Bezüge eingeräumt werden, die sich nach der Höhe des Gewinnes richten. Rechtlich steht auch nichts im Wege, daß einem Bediensteten vereinbarungsgemäß die Besoldung nur in einem Anteil am Gewinn gewährt wird (RGE. Jur. Wschr. 1903 Beil. 2 S. 17, **Staudinger** 7/8. Aufl. V d zu § 611, S. 1083, **Zimmermann** S. 48).

2. Die den Supernumeraren oder ähnlichen im Vorbereitungsdienste befindlichen Beamten oder Beamtenanwärtern während der Dauer des grundsätzlich unentgeltlich zu leistenden Vorbereitungsdienstes in widerruflicher Weise als Unterhaltszuschuß, Beihilfe oder unter ähnlicher Bezeichnung gewährten Bezüge gelten als Arbeitslohn. Die Anwendung der Vorschrift des § 12 Nr. 11 EStG. hat der RFH. verneint (Entsch. vom 28. 6. 22 III A 293. 22 S.).

3. Die nach § 5 der Anlage zum Forstarbeiter-Tarifvertrag vom 17. September 1920 für die Zurücklegung von Wegen bei Akkordarbeit gewährte Wegevergütung stellt einen Arbeitslohn dar (Erl. RFM. vom 27. April 1921 III 10 041 und 18. März 1922 III 30 828).

4. Wirtschaftsbeihilfen, Teuerungs- und Entschuldungszulagen sind Arbeitslohn, auch wenn sie über den vereinbarten Lohn hinaus gezahlt werden (Erl. RFM. vom 15. November 1920 III 29 133 und 3. März 1921 III 5331).

5. Entschädigungen, die auf Grund des § 87 Abs. 2 des Betriebsrätegesetzes gezahlt werden, werden als Arbeitslohn anzusehen sein (Erl. RFM. vom 29. Dezember 1920 III 31 277). Die Frage wird indes im wesentlichen davon abhängen, wie das Verhältnis des Gehaltsanspruches zur Entschädigung aus § 87 des Betriebsrätegesetzes gestaltet ist (s. darüber neue Zeitschrift für Arbeitsrecht 1920 S. 49, 1921 S. 42 und 1922 S. 59 und 254, Entscheidung des Kammergerichtes vom 5. Oktober 1921 8 U 4552. 21).

6. Die Dienstprämie, die der Schutzmannschaft bei der staatlichen Polizei gewährt wird und durch deren Inaussichtstellung ein Anreiz zum regeren Eintritt und längeren Verbleiben in der Schutzmannschaft geschaffen werden soll, wird sich als ein unter sonstiger Benennung gewährter Bezug der im öffentlichen Dienste angestellten Personen darstellen (Erl. RFM. vom 13. Dezember 1920 III 31 800).

7. Jubiläumsgaben, die bei silbernen oder goldenen Hochzeiten und Dienstjubiläen gewährt werden, bilden einen Arbeitslohn.

8. Weihnachtsgratifikationen stellen eine Vergütung dar, die mit Rücksicht auf die befriedigende Arbeitsleistung während des Jahres und als Ansporn für die Arbeitsfreudigkeit allen Angestellten und Arbeitern am Ende des Jahres gewährt wird und mit der der eintretende Angestellte oder Arbeiter schon bei seinem Eintritte in das Dienstverhältnis als einem feststehenden Posten rechnet. Sie bilden somit einen Teil des Arbeitslohns (Erl. RFM. vom 26. Oktober 1920 III 27 669).

9. Die besonderen Entlohnungen für Arbeiten, die über die für den Betrieb regelmäßige Arbeitszeit hinaus geleistet werden, demnach die Entlohnungen für Überstunden, Überschichten, Sonntagsarbeit und für sonstige, über die regelmäßige Arbeitszeit hinausgehende Arbeitsleistungen sind Arbeitslohn. Während sie durch Erlaß vom 25. August 1920 III 22 205 einstweilen vom Steuerabzug freigeblieben waren, unterliegen sie nunmehr vom 1. August 1921 ab auch dem Steuerabzuge (Erl. RFM. vom 12. Juli 1921 III 19 246 § 3 EStADB.), der Arbeitsverdienst der Kurzarbeiter, Notstandsarbeiter u. s. w. ist Arbeitslohn.

10. Gratifikationen an Beamte, Privatangestellte, Arbeiter sind nicht als Schenkungen anzusehen, weil es sich bei dergleichen Zuwendungen um eine nachträgliche Abgeltung der von den Renumerierten geleisteten Dienste handelt, sie gelten als Arbeitslohn. Bei einer Zuwendung, die in der Annahme gegeben oder genommen wird, daß dadurch die Dienste bezahlt werden

sollen, liegt keine Unentgeltlichkeit und deshalb keine Schenkung vor (RGE. VII 329/18 vom 17. Februar 1919, RGE. Bd. 72, S. 588; Jur. Wschr. Jhrg. 48 S. 378). Ob der Prinzipal zur Gratifikation rechtlich verpflichtet ist, ist ohne Bedeutung, denn wie eine Gehaltserhöhung nicht dadurch zur Schenkung wird, daß der Prinzipal sie freiwillig gewährt, so verliert auch eine Sonderzuwendung nicht dadurch den Charakter der Gratifikation, daß der Angestellte keinen Anspruch darauf gehabt hat (RGE. Bd. 75 S. 327, Jur. Wschr. 1911 S. 230). Die Entscheidung liegt im wesentlichen auf tatsächlichem Gebiete, eine Auslegungsregel zugunsten der Anstandsschenkung aufzustellen, entbehrt der Begründung.

11. Den Charakter der vertragsmäßigen Vergütung tragen auch zugesagte Gratifikationen, besonders Weihnachts-, Neujahrs- und Bilanzgratifikationen (Staub 9. Aufl. Anm. 34 zu § 59, S. 312 ff.).

12. Die Bezüge, die die technischen Nothelfer für ihre Arbeitsleistung während des Einsatzes der Nothilfe erhalten, stellen einen Arbeitslohn dar (Erl. RFM. vom 22. April 1922 III 5951).

13. Die den zur Entlassung kommenden Arbeitern und Angestellten nach Maßgabe des Rundschreibens des Reichsministers der Finanzen vom 11. Juni 1921 (Neufassung nach I B 1065 vom 16. Januar 1922) gewährten Übergangsgebührnisse sind Arbeitslohn (Erl. RFM. vom 5. Mai 1922 III 7416).

14. Kinderzuschläge in gesetzlich nicht geregelten Fällen, die, wenn sie auch nur im Falle der Bedürftigkeit, die übrigens der Hilfsbedürftigkeit im Sinne des § 12 Nr. 11 nicht gleichsteht, gewährt werden, sind als Arbeitslohn für eine gegenwärtige oder frühere Dienstleistung anzusehen (Erl. RFM. vom 7. Dezember 1921 III 35 461).

15. Studienbeihilfen, die Lehrern während des Studiums an den Hochschulen gewährt werden und die zur Ergänzung des den Lehrern zustehenden Gehalts, das ohne die Studienbeihilfe mit Rücksicht auf die den Lehrern zur Last fallenden Stellvertretungskosten verkürzt wäre, dienen, stellen einen Arbeitslohn dar (Erl. RFM. vom 29. März 1922 III 4720).

16. Ein Beschäftigungsverhältnis liegt vor bei den an staatlichen Seminarkursen zur Ausbildung unterrichtenden nebenamtlich tätigen Staatsbeamten, Gewerbeschuldirektoren, Fachlehrern u. s. w. (Verf. RFM. vom 20. Januar 1921 III 371 und III 1108).

17. Ein Beschäftigungsverhältnis liegt ferner vor zwischen Lehrherrn und Lehrling. Die den Lehrlingen als Kostgeld, Taschengeld oder unter anderer Bezeichnung gewährten Bezüge, ebenso wie die freie Beköstigung stellen einen Arbeitslohn dar (Erl. RFM. vom 31. Juli 1920 III 16 558, 2. Dezember 1920 III 30 128). Soweit dagegen für den Unterhalt des Lehrlings Zahlungen an den Lehrherrn von dem Lehrling selbst oder von seinem Vater erfolgen, wird der dafür gewährte Unterhalt nicht als steuerbares Einkommen des Lehrlings angesehen werden können (Erl. RFM. vom 20. Oktober 1921 III 30 521).

18. Der zwischen dem in Ausführung der Gesetze über die Fürsorgeerziehung Minderjähriger handelnden Vertreter und dem Dienstgeber abgeschlossene Vertrag stellt einen Dienstvertrag dar, der den Zögling zur Leistung von Diensten, den Dienstgeber zur Gewährung von angemessener Kleidung und Wäsche, von gesunder und ausreichender Beköstigung, Unterkunft und einem Barlohn als Entgelt für die Arbeitsleistung des Zöglings verpflichtet. Das dem Zögling für seine Dienstleistung gewährte Entgelt stellt einen Arbeitslohn dar (Erl. RFM. vom 14. Februar 1922 III E 35 928, Zimmermann S. 65).

19. Die Entlohnung der Kellner und des sonstigen Bedienungspersonals in Form von festem Geldlohn und Natural- oder Sachbezügen und von einem vom Kellner und sonstigen Bedienungspersonal in Vertretung des Gastwirts von dem Gast erhobenen, entweder in die Preise einkalkulierten oder gesondert in Rechnung gestellten Bedienungsaufschlag (Trinkgelderablösung) stellt einen Arbeitslohn dar, von dem der Steuerabzug zu machen ist. Die privatrechtliche Abmachung zwischen dem Wirt und dem Kellner, wonach letzterer den von dem Gast in Vertretung des Wirtes erhobenen Bedienungsaufschlag nicht an den Wirt abführt, sondern sich gleich selbst damit bezahlt macht, ändert an der öffentlich-rechtlichen Verpflichtung des Gastwirtes zur Vornahme des Steuerabzuges nichts, der Arbeitnehmer ist gehalten, den zur Vornahme des Steuerabzuges erforderlichen Teilbetrag an den Gastwirt abzuliefern (Erl. RFM. vom 12. Januar 1921 III 31 571, über die rechtliche Natur des Bedienungsaufschlages RFH. Bd. 5 S. 137 und Bd. 6 S. 84, Verf. RFM. vom 1. Februar 1922 III 247). Bei dem Trinkgeldersystem dagegen, bei dem die Entlohnung durch den Gast mittels eines nach dessen freien Ermessen bemessenen Trinkgeldes erfolgt, kann ein Steuerabzug bezüglich des Trinkgeldes nicht in Frage kommen, die Trinkgelder sind freiwillige Leistungen, die nicht vom Arbeitgeber, sondern von einem Dritten, dem der Arbeitgeber Dienste leisten läßt, gewährt werden, und gehören zwar zum steuerbaren Einkommen, nicht aber zum Arbeitslohn im Sinne des § 45 Abs. 2 (Zimmermann S. 64, 66).

20. Die Bezüge des Gnadenvierteljahrs oder Gnadenmonats, die den Hinterbliebenen eines Beamten gezahlt werden, gehören zum Arbeitslohn, dies selbst in den Fällen der §§ 8, 31, 69 Abs. 2 des Reichsbeamtengesetzes, d. h. wenn der Verstorbene Verwandte der aufsteigenden Linie, Geschwister, Geschwisterkinder oder Pflegekinder, deren Ernährer er gewesen ist, in Bedürftigkeit hinterläßt, oder soweit der Nachlaß nicht ausreicht, um die Kosten der letzten Krankheit und der Beerdigung zu decken. Denn auch in diesen Fällen ist nicht die Bedürftigkeit der Hinterbliebenen oder die Geringfügigkeit des Nachlasses, sondern die frühere Dienstleistung des Verstorbenen der Grund und die Voraussetzung für die Zuwendung der Gnadengebührnisse (Erl. RFM. vom 18. Oktober 1921 III 21 587).

21. Die Witwen- und Waisenpension der Hinterbliebenen eines Beamten stellen sich als Ausfluß der ehemaligen Dienstleistung des verstorbenen Beamten dar und sind daher Arbeitslohn (Erl. RFM. vom 24. Oktober 1921 III E 28 793).

22. Zuwendungen an frühere Bedienstete, Angestellte oder sonstige Arbeitnehmer, die — auch ohne Rechtsanspruch — mit Rücksicht auf eine frühere Dienstleistung oder Berufstätigkeit gewährt werden und den Charakter von Pensionen, Witwen- und Waisengeldern haben, sind Arbeitslohn (Erl. RFM. vom 25. September 1920 III 22 303, bezüglich der zur Bestreitung von Krankheitskosten aus Billigkeitsgründen gewährten Beihilfen a. A. Zimmermann S. 57).

23. Die Gehälter, Tantiemen und sonstigen Bezüge der Vorstandsmitglieder einer Aktiengesellschaft (Direktoren) fallen unter den Begriff des Arbeitslohnes (Erl. RFM. vom 31. 8. 20 III 16 717 und 20. April 1922 III E 116, die Vorstandsmitglieder gehören zu den im Dienste der Gesellschaft angestellten Personen (Bericht des 10. Ausschusses der Nationalversammlung Drucksachen der Nationalversammlung Nr. 2149 S. 7). RFH. Bd. 8 S. 55, RGE. Bd. 7 S. 77, Jur. Wschr. 1894 S. 27[77], **Staub** Anm. 23 zu § 231 HGB., Popitz S. 148).

24. Tantiemen von Aufsichtsratsmitgliedern von Aktiengesellschaften u. s. w. sind kein Arbeitslohn, da die Aufsichtsratsmitglieder als solche nicht in öffentlichen und privaten Diensten beschäftigt sind (a. A. Zimmermann S. 47, wegen der Frage, daß ein Aufsichtsratsmitglied auf Grund besonderer Vereinbarung Vorstandsgeschäfte ausübt und dafür eine besondere Vergütung erhält s. RFH. Bd. 6 S. 16 und Bd. 1 S. 179).

25. Bei der Kommanditgesellschaft auf Aktien gehören die den persönlich haftenden Gesellschaftern gewährten Tantiemen und Vergütungen zu dem Einkommen aus Gewerbebetrieb (§ 7 Nr. 2 EStG.). Dagegen stellen die Vergütungen, die im Gesellschaftsvertrag oder einem Dienstvertrag den geschäftsführenden Gesellschafter einer G. m. b. H. als Entgelt für ihre im Interesse der Gesellschaft entfaltete Tätigkeit zugesichert sind, einen Arbeitslohn dar und zwar auch dann, wenn der Geschäftsführer alle oder nahezu alle Geschäftsanteile innehat, denn rechtlich stehen sich die Gesellschaft und der Gesellschafter auch bei Vereinigung aller Geschäftsanteile in einer Hand als zwei verschiedene Personen gegenüber, zwischen denen Vereinbarungen nach allgemeinen Vorschriften möglich sind (Zimmermann S. 46, teilweise a. A. Mrozek DStBl. 1921 S. 15, wonach die Bezüge der Gesellschafter — Geschäftsführer — einer G. m. b. H. nur dann vom Steuerabzuge betroffen werden, wenn die Geschäftsführung auf einem Dienstvertrage beruht).

26. Der Anteil am Geschäftsgewinn zuzüglich etwaiger besonderer Vergütungen, die der Gesellschafter einer offenen Handelsgesellschaft, einer Kommanditgesellschaft oder einer anderen Erwerbsgesellschaft, bei der der Gesellschafter als Unternehmer (Mitunternehmer) des Betriebs anzusehen ist, im Interesse der Gesellschaft für deren Rechnung bezogen hat, ist gewerbliches Einkommen (§ 7 Nr. 3 EStG.), nicht Arbeitslohn (s. Lion, praktische Steuerfragen, Berliner Tageblatt vom 2. Juni 1922).

b) Naturalbezüge:

Geldwerte Einkommensteile, wie Naturalien, Waren, Genuß von Rechten und Gütern, Wohnung, Kost, Ausbeuten und verwertete Dienstleistungen, sind — soweit nichts anderes bestimmt ist — nach den ortsüblichen Mittelpreisen anzusetzen (§ 37 EStG.). Zu den Geldwert besitzenden Einnahmevorteilen gehören insbesondere der Bezug von freier Kleidung, freier Wohnung, Deputaten und sonstigen an Stelle des Arbeitslohns oder neben ihm gewährten Natural- oder Sachbezügen (§ 1 Abs. 3 EStADB.). Der bei der Einhaltung des Betrages von 10 v. H. des Arbeitslohns zu berücksichtigende Wert ist gemäß § 2 EStADB. vom Landesfinanzamt oder Finanzamt unter möglichster Übereinstimmung mit den Wertfestsetzungen der Versicherungsämter nach § 160 Abs. 2 der Reichsversicherungsordnung festzustellen und bekannt zu geben (Erl. RFM. vom 6. September 1921 III 24 469, 7. März 1922 III 3478, 14. März 1922 III 4008). In Ansatz wird gebracht der ortsübliche Mittelpreis, d. h. der Betrag, den der Arbeitnehmer an seinem Wohn- oder Aufenthaltsort hätte aufwenden müssen, um sich die geldwerten Naturalbezüge im freien Verkehr zu kaufen oder zu verschaffen. Daß der Arbeitnehmer für die ihm gewährten Naturalbezüge ein Entgelt in bar zu leisten hat, schließt ihre Zurechnung zu den Einkünften nicht aus, sofern dieses Entgelt in einem solchen Maße hinter dem Wert der Bezüge zurückbleibt, daß hieraus auf die Absicht zu schließen ist, in der Differenz eine Entlohnung für die Arbeitsleistungen des Arbeitnehmers zu gewähren und zu empfangen (Erl. RFM. vom 28. Januar 1922 III 39 444). Als Arbeitslohn ist nur der Mehrwert in Ansatz zu bringen (Strutz S. 65, 245, 246). Im übrigen sind Ausgabevorteile niemals Einkünfte (OVGSt. Bd. 14

S. 189, Strutz S. 65). Einkünfte in fremder Währung sind solche „in Geldeswert", sie sind nach dem Kurse in Markwährung umzurechnen, den die fremde Währung an dem Tage hatte, an dem die Einnahme entstanden ist (Kuhn S. 225, Strutz S. 41, RFH. Bd. 2 S. 125). Diese Umrechnung in Markwährung nach dem Kurse des Zahlungstages würde jedoch zur Voraussetzung haben, daß die gesamten in fremder Währung gezahlten Bezüge in Markwährung umgewechselt werden können. Nicht dagegen wird die Umrechnung nach dem Wechselkurse des Zahlungstages insoweit stattfinden können, als die Umrechnung in deutsche Währung nicht möglich ist, z. B. weil die Bezüge ganz oder teilweise zum Verbrauch im Ausland verwendet werden müssen. In diesen Fällen, wie sie z. B. bei Grenzarbeitern gegeben sind, wird von den in fremder Währung erhaltenen Bezügen nur der Teil, und zwar zum Jahresdurchschnittskurs in Markwährung umzurechnen sein, den die Empfänger vermutlich in Markwährung umwechseln, während die Umrechnung des Teiles in Markwährung, den die Empfänger an Ort und Stelle zur Bestreitung ihres Lebensunterhaltes ausgeben müssen, nach dem Grundgedanken zu erfolgen hat, daß der im Ausland beschäftigte Empfänger sich mit diesem Teile der Bezüge in fremder Währung in der gleichen Lage befindet, wie ein im Inland beschäftigter Steuerpflichtiger gleicher Berufsart, der an Stelle des Barlohnes Naturalbezüge zur Bestreitung seines Lebensunterhaltes erhält. Bei der Festsetzung der Höhe dieses Teiles des Lohnes wird auch dem Umstande Rechnung zu tragen sein, daß die Kaufkraft des fremden Geldes im Ausland zu derjenigen der Mark im Reichsgebiet nicht dem Verhältnis des Wechselkurses entspricht (Verf. RFM. vom 12. November 1921 III 32 902).

Im Falle der Entlohnung lediglich durch Natural- und Sachbezüge ohne geldliche Entlohnung wird ein Steuerabzug in der Regel nicht in Betracht kommen.

Im Einzelnen:

1. Der Freitrunk im Braugewerbe, soweit er neben dem Barlohn als Vergütung für die Arbeitsleistung gewährt wird, ist ein Teil des Arbeitslohnes (Verf. RFM. vom 24. September 1920 III 15 377).

2. Der verbilligte Bezug von Hausbrandkohlen von den im Bergbau beschäftigten oder angestellten Personen stellt einen geldwerten Vorteil im Sinne des § 45 Abs. 2 dar (Erl. RFM. vom 28. Januar 1922 III 39 444).

3. Der in der Gewährung von Rauchzigarren (Freizigarren), die nach dem Reichstarifvertrag für die Zigarrenherstellung den mit der Zigarrenherstellung beschäftigten männlichen Arbeitern gewährt werden, bestehende Einnahmevorteil stellt einen Arbeitslohn dar (Erl. RFM. vom 25. April 1922 III 2632).

11. Fraglich kann erscheinen, ob Arbeitnehmer auch Personen sind, deren Beschäftigung nicht in erster Linie dem Erwerbe dient, sondern mehr durch Rücksichten der körperlichen Heilung, der sittlichen Besserung oder durch Beweggründe charitativer, religiöser Art bestimmt wird. Es dürfte z. B. das Verhältnis zwischen Mutterhaus und den Ordensschwestern sich nicht als das Verhältnis eines Arbeitgebers zu einem Arbeitnehmer, sondern als ein durch gegenseitiges Vertrauen getragenes Gemeinschaftsverhältnis zur Ausübung gemeinsamer Liebestätigkeit kennzeichnen. Die Bezüge dürften Zuschüsse im Sinne des § 11 Nr. 2 darstellen (Erl. RFM. vom 30. Januar 1921 III 27713, 4. Februar 1921 III 34314, 13. Mai 1921 III 5995, Verf. RFM. vom 15. Oktober 1921 III 25 599, für die Umsatzsteuer s. Popitz 1919 S. 148).

12. Nicht als Arbeitnehmer, d. h. als im öffentlichen oder privaten Dienste angestellte oder beschäftigte Personen sind anzusehen ehrenamtlich tätige Personen. Deren Bezüge sind, soweit sie nicht überhaupt als aus öffentlichen Kassen gewährte Aufwandsentschädigungen, Tagegelder und Reisekosten gemäß § 34 Abs. 2 bei Feststellung des einzubehaltenden Betrages (§ 46 Abs. 5) außer Ansatz bleiben, kein Arbeitslohn, stellen vielmehr sonstige Einnahmen im Sinne des § 11 Nr. 3 dar, wie z. B. Entschädigungen der Zeugen und Sachverständigen für entgangenen Arbeitsverdienst, der Zeugen für Zeitversäumnis (Kuhn S. 212, Strutz S. 234). Sie bilden sonach wohl steuerbare Einkünfte, aber keinen Arbeitslohn. Es scheiden demnach z. B. für den Steuerabzug aus die Gebühren von Mitgliedern von Steuerausschüssen, von Zeugen und Sachverständigen bei den Gerichten, die Entschädigungen der Vorsitzer der Entschädigungsausschüsse (§ 54 EntO., Erl. RFM. vom 30. August 1920 III 19 313). Das Gleiche wird gelten müssen z. B. bei den den ehrenamtlich in Stadtverwaltungen tätigen Bürgern, unbesoldeten Magistratsmitgliedern, Stadtverordneten, Stadtverordnetenvorstehern, Beisitzern von Mieteinigungsämtern (Erl. RFM. vom 3. Juni 1922 III 7845) gewährten Entschädigungen, soweit mit ihnen nicht ohnedies nur der durch den Dienst erforderliche Aufwand abgegolten werden soll. Dagegen werden als Arbeitnehmer zu gelten haben Beisitzer, z. B. Beamte, die nebenamtlich in Ausschüssen tätig sind. Die ihnen gewährten Bezüge sind, soweit sie nicht zur Bestreitung des durch den Dienst oder Auftrages veranlaßten Aufwandes gewährt werden und als solche ausdrücklich bestimmt sind, Arbeitslohn und unterliegen dem Steuerabzug. Dies ist der Fall z. B. bei den Entschädigungen, die nebenamtlich tätigen Richtern und Beamten der aus Anlaß von Unruhen gebildeten außerordentlichen Gerichte gewährt werden, die der nebenamtlich tätigen richterlichen Beisitzer des Reichsversicherungsamtes, des Reichsversorgungsgerichtes und der Versorgungsgerichte.

Zweifelhaft kann die Stellung von sog. Mittel- oder Zwischenpersonen sein, deren sich ein Unternehmer oder Betriebsinhaber zur Ausführung einer übernommenen Arbeit bedient (Werkmeister, Zwischenmeister, Akkordmeister, Kolonnenführer, s. auch Anm. 14), insbesondere nach der Richtung, ob sie den von ihnen angenommenen Arbeitern gegenüber Arbeitgeber sind oder ob als Arbeitgeber der Betriebsinhaber (Oberunternehmer) in Betracht kommt. Tritt die Mittelperson als Vertreter des Unternehmers auf, so ist der Unternehmer Arbeitgeber, demnach zur Vornahme des Steuerabzuges verpflichtet. Das wird regelmäßig der Fall sein, auch wenn die Mittelperson ihrerseits wieder die Befugnis hat, weitere Arbeiter anzunehmen und am Gewinne beteiligt ist, sei es, daß sie als Aufseher oder Vorarbeiter im Dienste des Unternehmers steht, sei es, daß sie mit den Arbeitern einen Gesamtarbeitsvertrag (Gesamtakkord) mit dem Unternehmer eingegangen hat (Popitz 1919 S. 152 und 154). Anders liegt es, wenn die Mittelperson nicht ausgesprochen als Vertreter des Betriebsinhabers die Arbeiter anstellt oder entlohnt oder wenn sich die Verpflichtung dem Unternehmer gegenüber in der Herbeiführung des Arbeitserfolges erschöpft (Zimmermann S. 49). Dann kommt die Mittelperson ihrerseits als Arbeitgeber für die von ihr angenommenen und entlohnten Arbeiter in Betracht und ist verpflichtet, von dem auszuzahlenden Lohn die Steuer einzubehalten.

13. Für den Steuerabzug scheiden ferner aus:

a) Die Bezüge aus der reichsgesetzlichen Angestellten-, Unfall-, Invaliden- und Hinterbliebenenversorgung (s. Anm. 8), ferner die Hinterbliebenenrenten nach der Reichsversicherungsordnung.

b) Die Beihilfen, die Personen des Unteroffizier- und Mannschaftsstandes des Heeres und der Marine, welche an dem Feldzuge 1870/71 oder an den von deutschen Staaten vor 1870 geführten Kriegen ehrenvollen Anteil genommen und sich wegen dauernder gänzlicher Erwerbsunfähigkeit in unterstützungsbedürftiger Lage befinden, auf Grund der Gesetze vom 23. Mai 1873, 22. Mai 1895 und 19. Mai 1913 gewährt werden (Erl. RFM. vom 15. Oktober 1920 III 25 567).

c) Die den Tabakarbeitnehmern gemäß § 91 des Tabaksteuergesetzes vom 12. Sept. 1919 gewährten Unterstützungen (Erl. RFM. vom 28. Sept. 1920 III 23 963 und 19. August 1921 III 12 543), s. Gesetz betreffend Erhöhung einzelner Verbrauchssteuern Artikel V **K und** vom 8. April 1922 (Reichs-Gesetzbl. S. 335 ff.) und die auf Grund der §§ 230 und 236 des Gesetzes über das Branntweinmonopol vom 26. Juli 1918 (Reichs-Gesetzbl. S. 887) an Arbeiter und Angestellte zu zahlenden Entschädigungen und Unterstützungen (§ 183 des Gesetzes über das Branntweinmonopol, Anlage 14 zum Gesetz über Änderungen im Finanzwesen vom 8. April 1922, Reichs-Gesetzbl. S. 335), die letztgenannten unterliegen überhaupt nicht der Einkommensteuer.

d) Die Dienstbeschädigungsrenten nach dem Mannschaftsgesetze vom 31. Mai 1906 und nach den vor diesem erlassenen Militärversorgungsgesetzen, die Versorgungsgebührnisse nach dem Reichsversorgungsgesetze vom 12. Mai 1920 und dem Altrentnergesetze vom 18. Juli 1921, ferner die Hinterbliebenenbezüge nach dem Militärhinterbliebenengesetz vom 17. Mai 1907 — abgesehen von der allgemeinen (nicht Kriegsversorgung) der Witwen und Waisen von Offizieren. Dem Steuerabzuge unterliegen dagegen die im § 1 Abs. 2 und 3 des Mannschaftsversorgungsgesetzes, im § 95 des Reichsversorgungsgesetzes und im § 8 Abs. 1 und 2 des Altrentnergesetzes vorgesehenen Dienstzeitrenten, die Dienstzeitpensionen nach den älteren Militärversorgungsgesetzen, die den Oberklassen nach dem Offizierpensionsgesetze vom 31. Mai 1906, dem Offizierentschädigungsgesetze vom 13. September 1919 und den älteren Militärversorgungsgesetzen gewährten Gebührnisse sowie die Hinterbliebenenbezüge der Witwen und Waisen von früheren aktiven Offizieren, die Gebührnisse nach dem Wehrmachtversorgungsgesetze vom 4. August 1921, — s. jedoch darüber auch weiter unten — dem Kapitulantenentschädigungsgesetze vom 13. September 1919 und die den ehemaligen Heeresbeamten u. s. w. auf Grund des Reichsbeamtengesetzes vom 31. März 1873 (Fassung vom 18. Mai 1907) bewilligten Bezüge sowie die Hinterbliebenenbezüge von Angehörigen dieser Personen.

e) Für den Steuerabzug und für die Besteuerung scheiden als nicht steuerbares Einkommen gemäß § 12 Nr. 3 EStG. aus:

1. Die Kapitalabfindungen auf Grund der Militärversorgung (§ 12 Nr. 3 EStG.), mit Ausnahme der Kapitalabfindungen nach dem Wehrmachtversorgungsgesetze (§§ 38 bis 50, 79), und zwar
   a) die Kapitalabfindungen (§§ 72 usw.) nach dem Reichsversorgungsgesetze vom 12. Mai 1920 (Reichs-Gesetzbl. S. 989) und nach § 6 des Altrentnergesetzes vom 18. Juli 1921 (Reichs-Gesetzbl. S. 953),
   b) die nach § 21 des Mannschaftsversorgungsgesetzes vom 31. Mai 1906 (Reichs-Gesetzbl. S. 593) in der Fassung des Gesetzes vom 3. Juli 1913 (Reichs-Gesetzbl. S. 496) gegen Verzicht auf den Zivilversorgungsschein und die Zivilversorgungsentschädigung gewährte einmalige Geldabfindung zuzüglich des Teuerungszuschlages von 40 vom Hundert,

c) Die auf Grund des § 75 der Besoldungsvorschrift für das preußische Heer im Frieden vom 26. Oktober 1911 den Kapitulanten gewährte Dienstprämie zu 1000 Mk., die durch Kabinettsorder vom 27. Mai 1914 (AVBl. 1914 S. 113 ff.) auf 1500 Mk. erhöht worden ist und zu der gemäß Anordnung des Heeresabwicklungshauptamtes Berlin vom 4. Dezember 1919 — Nr. 1651/11. 19. B IV A a — Abw. (HVBl. 1919 S. 462 ff.) ein Teuerungszuschlag von 40 vom Hundert gewährt wird,

d) die Kapitalabfindungen auf Grund des Kapitalabfindungsgesetzes vom 3. Juli 1916 (Reichs-Gesetzbl. S. 680),

e) die Kapitalabfindungen auf Grund des Kapitalabfindungsgesetzes vom 26. Juli 1918 (Reichs-Gesetzbl. S. 994),

f) die nach §§ 3 und 6 des Kapitulantenentschädigungsgesetzes vom 13. September 1919 (Reichs-Gesetzbl. S. 1659) den Kapitulanten zu zahlenden Abfindungen (Erl. RFM. vom 20. Juni 1921 III 16 716 und 3. Juli 1921 III 16 504),

g) die auf Grund der Erlasse des Reichswehrministers vom 20. Dezember 1919 (HVBl. S. 551) und vom 8. Juni 1920 (HVBl. S. 523) gezahlte Treuprämie, deren Auszahlung nur bei einem durch die Heeresverminderung auf Grund des Friedensvertrages veranlaßten Ausscheiden erfolgt und wirtschaftliche Bedürftigkeit des Empfängers zur Voraussetzung hat (Erl. RFM. vom 20. Dezember 1921 III E 35 325).

2. Gemäß § 12 Nr. 6 EStG. die auf Grund der Militärpensions- und -versorgungsgesetze bezogenen Verstümmelungs-, Kriegs-, Luftdienst-, Alters- und Tropenzulagen, Pensions- und Rentenerhöhungen, Pflegezulagen und Schwerbeschädigtenzulagen mit den entsprechenden Ausgleichs-, Orts- und Teuerungszulagen nebst Teuerungszuschüssen, ferner die auf Grund des Kolonialbeamtengesetzes vom 8. Juni 1910 (Reichs-Gesetzbl. S. 881) bezogenen Tropenzulagen (§ 6 Nr. 1 EStADB.).

Dazu gehören insbesondere:

a) die Verstümmelungs- und Kriegszulagen auf Grund der §§ 13, 14 des Mannschaftsversorgungsgesetzes vom 31. Mai 1906 und der §§ 11, 12 des Offizierpensionsgesetzes vom 31. Mai 1906 (Reichs-Gesetzbl. S. 565) mit den durch das Gesetz über die Kriegsversorgung von Zivilbeamten vom 4. August 1914 (Reichs-Gesetzbl. S. 535) getroffenen Änderungen des § 34 des Offizierpensionsgesetzes sowie die den Verstümmelungszulagen gleichzustellenden Zuwendungen auf Grund der Verordnung vom 31. Dezember 1918 (Reichs-Gesetzbl. 1919 S. 2),

b) die Luftdienstzulagen nach § 1 des Fürsorgegesetzes für militärische Luftfahrer vom 29. Juni 1912 (Reichs-Gesetzbl. S. 415),

c) die Alterszulagen auf Grund des § 26 des Mannschaftsversorgungsgesetzes und § 13 des Offizierpensionsgesetzes,

d) die Tropenzulagen auf Grund der §§ 67 bis 69 des Mannschaftsversorgungsgesetzes und §§ 66 bis 68 des Offizierpensionsgesetzes,

e) die Pensions- und Rentenerhöhungen nach § 49 des Offizierpensionsgesetzes und § 57 des Mannschaftsversorgungsgesetzes.

Zu dem Begriff der Pensions- und Rentenerhöhungen ist folgendes zu bemerken:

Voraussetzung für die Steuerfreiheit gewisser Teile der Militärpensionen und -renten bildet die Tatsache, daß diese Teile Pensions- und Rentenerhöhungen darstellen, d. h. wie sich aus § 49 des Offizierpensionsgesetzes und § 57 des Mannschaftsversorgungsgesetzes ergibt, selbständige Zuschläge zu den an sich gemäß § 9 Nr. 3 des EStG. grundsätzlich steuerpflichtigen Pensionen und Renten bilden und daß der Anspruch auf diese Erhöhungen auf einem Militärpensions- oder sonstigen -versorgungsgesetze beruht. Darnach ist z. B. für die im § 8 des Offizierpensionsgesetzes vorgesehenen Steigerungen der Pension die Steuerfreiheit nicht gegeben. Sind die dort für das Steigen der Pension gestellten Bedingungen erfüllt und ist dadurch die höhere Pension erdient, so bildet das Mehr nur einen Teil der allgemeinen Pension und teilt deren Schicksal auch in steuerrechtlicher Beziehung. Desgleichen entfällt z. B. für die Pensionszuschläge der Offiziere gemäß dem Erlasse des früheren preußischen Kriegsministeriums vom 31. Juli 1918 (AVBl. S. 432) und für die Rentenzuschläge der Mannschaften gemäß Verordnung vom 31. Dezember 1918 (Reichs-Gesetzbl. 1919 S. 2) die Steuerfreiheit schon deshalb, weil sie nicht auf Grund eines Militärpensions- oder -versorgungsgesetzes gezahlt werden,

f) die Pflegezulagen und Schwerbeschädigtenzulagen mit den entsprechenden Ausgleichs-, Orts- und Teuerungszulagen nebst Teuerungszuschüssen gemäß §§ 27, 28, 31, 51, 87 des Reichsversorgungsgesetzes vom 12. Mai 1920,

g) die Tropenzulagen auf Grund der §§ 25 u. s. w. des Kolonialbeamtengesetzes vom 8. Juni 1910 (Reichs-Gesetzbl. S. 881).

3. Gemäß § 12 Nr. 7 EStG. scheiden für den Steuerabzug und die Besteuerung aus sonstige nach der Minderung der Erwerbsfähigkeit bemessene Versorgungsgebührnisse, die auf Grund einer infolge eines Krieges erlittenen Dienstbeschädigung bezogen werden, sowie die Kriegsversorgung der Militärhinterbliebenen und die Versorgungsgebührnisse nach dem Reichsversorgungsgesetze vom 12. Mai 1920 (Reichs-Gesetzbl. S. 989), dem Reichsgesetz über die durch innere Unruhen verursachten Schäden vom 12. Mai 1920 (Reichs-Gesetzbl. S. 941) und den durch § 14 des genannten Gesetzes aufrecht erhaltenen landesgesetzlichen Vorschriften (§ 6 Nr. 2 EStADB.).

Dazu ist folgendes zu bemerken:

Unter § 12 Nr. 7 EStG. fallen:

a) sonstige, nach der Minderung der Erwerbsfähigkeit bemessene Versorgungsgebührnisse, die auf Grund einer infolge eines Krieges erlittenen Dienstbeschädigung bezogen werden. Unter sonstigen Versorgungsgebührnissen sind solche zu verstehen, die nicht bereits nach § 12 Nr. 6 EStG. befreit sind. Die Versorgungsgebührnisse müssen auf Grund einer infolge eines Krieges erlittenen Dienstbeschädigung bezogen werden und nach der Minderung der Erwerbsfähigkeit bemessen sein. Demnach umfaßt z. B. die Nr. 7 a. a. O. nicht die Dienstzeitpension, die auf Grund der Dienstunfähigkeit und nicht auf Grund der Minderung der Erwerbsfähigkeit gewährt wird (§§ 1, 60 OPG.; Kuhn S. 88),

b) die Kriegsversorgung der Militärhinterbliebenen. Hierzu gehört z. B. die auf Grund des Militärhinterbliebenengesetzes vom 17. Mai 1907 gewährte Kriegsversorgung (§§ 19 a. a. O. u. s. w.).

Da die Hinterbliebenen von im Luftdienst beschädigten oder gestorbenen Heeresangehörigen nach § 2 des Fürsorgegesetzes für militärische Luftfahrer vom 29. Juni 1912 (Reichs-Gesetzbl. S. 415) wie die Hinterbliebenen der Kriegsbeschädigten oder im Kriege Gefallenen versorgt werden, ist auch die der Kriegsversorgung entsprechende besondere Versorgung als Kriegsversorgung anzusehen,

c) die Versorgungsgebührnisse nach dem Reichsversorgungsgesetze vom 12. Mai 1920. Gemäß § 3 a. a. O. umfaßt die Versorgung

1. Heilbehandlung, Krankengeld und Hausgeld (§§ 4 bis 20),
2. soziale Fürsorge (§§ 21 bis 23),
3. Rente (§§ 24 bis 30) und Pflegezulage (§ 31),
4. Beamtenschein (§ 33),
5. Sterbegeld und Gebührnisse für das Sterbevierteljahr (§§ 34 und 35),
6. Hinterbliebenenrente (§§ 36 bis 50),
7. Übergangsgeld (§ 32),
8. Abfindungen gemäß §§ 94, 96, 97, 98,
9. Orts- und Teuerungszulage (§§ 51, 87).

Die Schwerbeschädigtenzulage (§ 27) und die Pflegezulage (§ 31) mit den entsprechenden Ausgleichs-, Orts- und Teuerungszulagen nebst Teuerungszuschüssen fallen nicht unter § 12 Nr. 7, sondern unter § 12 Nr. 6.

Die Versorgung nach dem Altrentnergesetz ist nicht als steuerbares Einkommen anzusehen, weil sie nach § 1 ARG. als Versorgung auf Grund des Reichsversorgungsgesetzes gilt (s. jedoch Anm. d).

4. Für den Steuerabzug scheiden ferner aus:

a) die einmalige Übergangsbeihilfe nach den §§ 15 und 54 des Wehrmachtversorgungsgesetzes (Reichs-Gesetzbl. 1921 S. 993),

b) die einmalige Umzugsentschädigung nach den §§ 16, 55 und 80 des Wehrmachtversorgungsgesetzes,

c) die Versorgungsgebührnisse nach § 4 Abs. 1 des Reichsgesetzes über die durch innere Unruhen verursachten Schäden vom 12. Mai 1920 und den durch § 14 des genannten Gesetzes aufrecht erhaltenen landesgesetzlichen Vorschriften, soweit sie Personenschäden betreffen.

f) 1. **Die den infolge der Verminderung der Wehrmacht aus dem Dienst** ausscheidenden Offizieren gewährten Entschädigungen nach dem Offizierentschädigungsgesetz stellen Arbeitslohn dar und unterliegen daher dem Steuerabzuge.

2. Von den nach dem Kapitulantenentschädigungsgesetze gewährten Bezügen scheiden die einmaligen Geldabfindungen (§§ 3 und 6) als Kapitalabfindung im Sinne der Militärversorgung für die Steuerabzugspflicht aus (§ 12 Nr. 3 EStG.; vgl. Anm. e 1 f.). Dagegen stellen die Bezüge nach § 4 a. a. O. und die nach § 5 a. a. O. auf Antrag bis zur vollen Höhe der im § 4 Abs. 1 gewährten Ansprüche bewilligten Vorschüsse Arbeitslohn dar und unterliegen dem Steuerabzuge.

3. Die auf Grund der Verfügung des Reichswehrministers vom 16. April 1920 Nr. A 737/12. 19. — HVBl. S. 383 — gewährten Entschädigungen für aktive Offiziere und Kapitulanten, die nicht unter das Offizier- und das Kapitulantenentschädigungsgesetz fallen und wegen Verminderung der Wehrmacht bis zum 31. März 1920 entlassen werden mußten, unterliegen nicht dem Steuerabzuge.

g) Gemäß § 12 Nr. 8 EStG. scheiden für den Steuerabzug und für die Besteuerung als nicht steuerbares Einkommen aus die Naturalbezüge der Angehörigen der Wehrmacht (Reichswehr und Reichsmarine, § 6 Nr. 3

EStADB.). Hierunter fallen nach § 19 Abs. 7 des Besoldungsgesetzes vom 30. April 1920 (Reichs-Gesetzbl. S. 805):

1. Die den Mannschaften und Unteroffizieren gewährte Dienstbekleidung (bei der Marine Dienstbekleidung oder Kleidergeld).

2. Bei den Deckoffizieren und Offizieren bis zur Besoldungsgruppe 13 einschließlich (Oberst, Kapitän zur See, Generalarzt, Generalveterinär) und bei den Beamten der Wehrmacht, die wie Offiziere zum dauernden Tragen der Dienstbekleidung verpflichtet sind, die neben der Besoldung gewährte Entschädigung für besondere Abnutzung der Dienstkleidung.

3. Der Geldwert der freien ärztlichen Behandlung oder freien Krankenhauspflege und des freien Gebrauches von Heil- und Kurmitteln der Angehörigen der Wehrmacht bis zur Besoldungsgruppe 13 und der freien Behandlung ihrer Ehefrauen und unterhaltsberechtigten Kinder im Sinne des § 16 des Besoldungsgesetzes durch den Truppen- oder Garnisonarzt.

Dienstwohnungen dagegen und Teile des Diensteinkommens, die für Verpflegung und kasernenmäßige Unterkunft nach Maßgabe des Haushaltsplanes einbehalten werden, gelten nicht als Naturalbezüge und sind daher nicht einkommensteuerfrei.

h) Gemäß § 12 Nr. 9 EStG. scheiden aus die mit deutschen Kriegsdekorationen verbundenen Ehrensolde (§ 6 Nr. 4 EStADB.).

i) Gemäß § 12 Nr. 10 EStG. scheiden aus Bezüge des Steuerpflichtigen aus einer Krankenversicherung (§ 6 Nr. 5 EStADB.).

Die geldwerten Vorteile, die die Angehörigen der Schutzpolizei in Gestalt von freier ärztlicher Behandlung, Krankenhauspflege, Heil- und Kurmittelgebrauch für ihre eigene Person und in Gestalt von freier ärztlicher Verpflegung für ihre Ehefrauen und unterhaltsberechtigten Kinder beziehen, sind den nach § 12 Nr. 10 EStG. steuerfreien Bezügen aus Krankenkassen gleich zu achten (Erl. RFM. vom 17. Juni 1921 III 13 244).

k) Gemäß § 12 Nr. 11 EStG. scheiden aus Bezüge aus öffentlichen Mitteln oder aus Mitteln einer öffentlichen Stiftung, die als Unterstützungen wegen Hilfsbedürftigkeit oder als Unterstützungen für Zwecke der Erziehung oder Ausbildung, der Wissenschaft oder Kunst bewilligt sind (§ 6 Nr. 6 EStADB.). Zu diesen Bezügen dürften u. a. zählen die Unterstützungen auf Grund der Reichsverordnung über Erwerbslosenfürsorge vom 26. Januar 1920 (Reichs-Gesetzbl. S. 98), die sog. Erwerbslosenunterstützung (Erl. RFM. vom 14. Juli 1920 III 16 227) und die aus Kapitel III Titel 20 des Haushalts des preußischen Ministeriums für Wissenschaft, Kunst und Volksbildung Privatdozenten und anderen jüngeren, für die Universitätslaufbahn voraussichtlich geeigneten Gelehrten gewährten Beihilfen, die gewährt werden, um sie der Dozentenlaufbahn zu erhalten und ihnen über die Zeit bis zu ihrer Berufung in einer planmäßigen Stelle hinwegzuhelfen (Erl. RFM. vom 3. April 1922 III 5446).

14. Nach § 1 Nr. 1 des Umsatzsteuergesetzes vom 24. Dezember 1919 unterliegen der Umsatzsteuer Lieferungen und sonstige Leistungen, die jemand innerhalb der von ihm selbständig ausgeübten gewerblichen Tätigkeit im Inland gegen Entgelt ausführt. Die aus der früheren preußischen Gewerbeordnung vom 17. Januar 1845 (§ 16) stammende allgemein anerkannte Begriffsbestimmung der Selbständigkeit geht dahin, daß derjenige selbständig ist, der für eigene Rechnung und *unter eigener Verantwortung* das Gewerbe betreibt (Popitz 1919, S. 145), wogegen Unselbständigkeit einer gewerblichen Tätigkeit dann vorliegt, wenn die Tätigkeit im wirtschaftlichen Organismus so ausgeübt wird, daß die tätige Person in der

Betätigung ihres geschäftlichen Willens unter der Leitung des Unternehmers steht, wo jemand im geschäftlichen Organismus des Unternehmens eines anderen dessen Weisungen zu folgen verpflichtet ist (RFH. Bd. 2, S. 339, Bd. 3 S. 291) *). Damit kommen als Ausübende einer selbständigen gewerblichen Tätigkeit und damit für die Umsatzsteuerpflicht nur in Betracht die Personen, die auf eigene Rechnung die Tätigkeit ausüben, die im eigenen Namen auftreten, deren Tätigkeit rechtlich aus Grund eigener Entschließung zu Umsätzen führt, die unter eigener Verantwortung eine Tätigkeit ausüben (Popitz 1919, S. 144 ff.), nicht dagegen diejenigen, die sich nicht zu einer einzelnen Leistung verpflichten, sondern ein von der Dauer der einzelnen Tätigkeit unabhängiges Dienstverhältnis eingehen. Ausschlaggebend ist, ob sie bei den Leistungen, für die sie sich verpflichten, lediglich für den Erfolg, den sie unter eigener Verantwortung herbeiführen, haftbar sind, oder ob sie für die ganze Dauer des Rechtsverhältnisses den Anordnungen des Vertragsgegners, der zu ihrem Dienstherrn geworden war und zu dessen Unternehmen sie als Organ gehören, Folge zu leisten haben (Popitz 1919, S. 145, § 4 EStADB.).

Als unselbständig scheiden für die Umsatzsteuerpflicht aus:

1. Die Leistungen der Beamten (Berufs- und Laienbeamte), sei es öffentliche Beamte, d. h. Personen, die sich in einem Dienstverhältnisse zum Staate befinden und entweder einer in der Gehaltsordnung aufgeführten Beamtenklasse angehören oder durch Anordnung der Staatsregierung als Beamte erklärt sind, sei es private Beamte, die im Gegensatz zu dem Dienstverhältnis zum Staate zu einer Arbeitsleistung auf Grund eines privatrechtlichen Vertrages verpflichtet sind. Die bloße Hingabe der körperlichen oder geistigen Arbeitskraft in abhängiger Stellung kann nicht in die Umsatzsteuerpflicht einbezogen werden.

*) RFH. Bd. 3, S. 281 ff. Wegen der Art des Vertragsverhältnisses ist die Selbständigkeit zu verneinen, wenn der Leistende nicht sowohl die Leistung als vielmehr seine Arbeitskraft schuldet, d. h. persönlich aus Grund eines Dienst- oder Arbeitsvertrages zu einem Beamten, Angestellten, Arbeiter im Unternehmen eines anderen wird. Daher kommt es nicht darauf an, ob er mehr oder minder stark den Weisungen des Leistungsempfängers unterworfen ist: Ein Heimarbeiter kann selbständig sein, auch wenn er die Arbeit nach genauen Vorschriften in bestimmten Fristen auszuführen hat, während umgekehrt der leitende Beamte oder Direktor eines großen Werkes auch dann unselbständig in dem hier fraglichen Sinne ist, wenn ihm Freiheit in seiner Betätigung und seinen Entschließungen gewährt wird. Entscheidend ist, ob er seine Arbeitskraft als solche dem fremden Interesse zur Verfügung gestellt hat. Vgl. auch die grundlegende Entscheidung des Reichsfinanzhofes vom 17. Mai 1921 (Sammlg. Bd. 5 S. 317), wonach für die Selbständigkeit eines Gewerbetreibenden in zweifelhaften Fällen entscheidend ist, ob er sich gegenüber einem anderen in eine persönliche Abhängigkeit begeben hat. Als selbständiger Gewerbetreibender ist anzusehen, wer weder als Stellvertreter das Gewerbe betreibt d. i. im Namen und für Rechnung eines anderen noch in einer solchen wirtschaftlichen und persönlichen Abhängigkeit von einer anderen Person, daß er als deren gewerblicher Arbeiter erscheint. Die Abfassung der Verträge entscheidet nicht schlechthin; es kommt auf die gesamte wirtschaftliche und gesellschaftliche Stellung an, wie sie sich tatsächlich gestaltet hat. Entscheidend sind nur die gesamten Verhältnisse, nicht einzelne Anzeichen.

2. Die Leistungen der Angestellten.

Für die Selbständigkeit können äußere Gesichtspunkte sprechen. Das Nichtgebundensein an bestimmte Arbeitsstunden, die Ausführung der Arbeit in eigener Arbeitsstätte oder durch fremde Personen, die Anmeldung zum Handelsregister (§ 8 HGB.), die polizeiliche Anmeldung des Gewerbes (§ 14 GO.), die Bedingungen der Abrechnung, die Arbeitsbedingungen, die Lieferzeiten, die Kündigungsfrist, die Stellung eigenen Werkzeugs und Materials u. s. w. (Erl. RFM. vom 29. Oktober 1920 III 28 127). Auch die Art der Entlohnung kann einen Anhaltspunkt bieten; bei dem Angestellten erfolgt die Entlohnung meist unabhängig von der einzelnen Dienstleistung nach der Zeit, bei dem Selbständigen wird die Bezahlung im allgemeinen nach der einzelnen Dienstleistung abgestellt sein.

3. Die Leistungen der Arbeiter.

4. Die Leistungen des Gesindes,

wobei es gleichgültig ist, ob es sich um höhere Dienste oder niedere Dienste handelt.

An Einzelfällen mag erwähnt werden:

Bei Künstlern und Artisten kann es fraglich erscheinen, ob ein einmaliges Auftreten als Gast ein Abhängigkeitsverhältnis begründet und ob die einem in einem Gastspiel auftretenden Künstler, Sänger, Schauspieler, Rezitator von einem Theater, einer Stadt oder Kurverwaltung gewährte Vergütung für die Darbietung künstlerischer oder wissenschaftlicher Leistungen dem Steuerabzug unterliegt. Die Frage wird zu bejahen sein. Der Künstler, Sänger, Schauspieler, Rezitator u. s. w. tritt zu dem betreffenden Unternehmen, sei es unmittelbar, sei es mittelbar, durch einen Agenten oder Impressario in ein Vertragsverhältnis (Gastspielengagement), das ihn zur einmaligen oder mehrmaligen Darbietung einer künstlerischen oder wissenschaftlichen Leistung, das Unternehmen zur Zahlung der vereinbarten Vergütung verpflichtet (Erl. RFM. vom 1. April 1921 III 4470 und 2. Jan. 1922 III 33 994, Popitz 1919 S. 148, über die rechtliche Natur des Engagementsvertrages s. Staudinger BGB. 7./8. Aufl. zu §§ 611 und 631 S. 1080 und 1152).

Bei Ärzten liegt ein Anstellungsverhältnis vor, wenn ein frei praktizierender Arzt Angestellter eines Krankenhauses, einer Krankenkasse, einer Armenverwaltung, einer Grube ist, als Vertrauensarzt einer Versicherungsanstalt tätig ist (Erl. RFM. vom 10. Januar 1921 III 34 255 wegen der im Dienste von Krankenkassen tätigen Ärzte, Zahnärzte, Zahntechniker und Heilgehilfen; wegen der Bezüge der Bahnärzte und Bahnkassenärzte s. Verf. des Reichsverkehrsministers vom 8. Juni 1921 V 53. 209. 74, Popitz S. 178/179, Zimmermann S. 40). Die Vergütung des Hausarztes dagegen unterliegt nicht dem Steuerabzug (Erl. RFM. vom 30. Juli 1920 III 17 138).

Bei Musikern in Kinos, bei Tanzlustbarkeiten, in Kaffeehäusern, kann Selbständigkeit vorliegen oder es kann sich um den Angestellten der Kapelle oder eines Unternehmens handeln. Die Frage kann durch Feststellung des Versicherungsverhältnisses gelöst werden. Soweit sie als Musiker selbständig sind, sind sie umsatzsteuerpflichtig (Erl. RFM. vom 27. August 1919 III 11 080 und 2. September 1921 III 14 407 für das Gebiet der Umsatzsteuer).

Lehrer: Der angestellte Lehrer ist mit der Besoldung nicht umsatzsteuerpflichtig, die er aus der innerhalb seines Anstellungsverhältnisses liegenden Tätigkeit bezieht, mag es sich um einen Lehrer an öffentlichen oder an Privatschulen oder um festangestellte Hauslehrer oder Hauslehrerinnen handeln. Die Umsatzsteuerpflicht tritt jedoch ein, wenn er Privatstunden (z. B. in Gegenständen des Schulunterrichtes, Klavierstunden u. s. w.) gibt, weil seine Tätigkeit dann zu der eines freien Berufs gehört, wobei die Tatsache, daß ein Privatlehrer nach dem Versicherungsgesetz für Angestellte versicherungspflichtig ist, seiner Umsatzsteuerpflicht nicht entgegensteht (RFH. Sammlg. Bd. 6 S. 87). Das Gleiche gilt, wenn er sich schriftstellerisch durch Schreiben von Büchern, Anfertigung von Übersetzungen, Beiträgen für Zeitungen und Zeitschriften betätigt, im letzteren Falle, soweit die Tätigkeit eine gewisse Nachhaltigkeit erkennen läßt (Erl. RFM. vom 27. September 1920 III 6359). Unterrichtsstunden, die von Lehrern über die Zahl der von ihnen nach ihrem Dienstverhältnis zu erteilenden Unterrichtsstunden hinaus nebenamtlich erteilt werden, sind abzugspflichtig (Erl. RFM. vom 15. September 1920 III 23 712).

Kommissionäre im Rechtssinne, d. h. Personen, die es gewerbsmäßig übernehmen, Waren und Wertpapiere für Rechnung eines andern (des Kommittenten) im eigenen Namen zu kaufen oder verkaufen (§ 383 HGB.), sind selbständig, daher mit ihrem ganzen vereinnahmten Entgelt einschließlich der vereinnahmten Provision umsatzsteuerpflichtig. (Gutachten und Entscheidungen des RFH. vom 20. Juni 1920 — Amtl. Mitt. S. 301 ff. vom 5. Mai 1920, RStBl. 1920 S. 417 und vom 28. Juli 1920, RStBl. S. 509, RFH. vom 23. Juli 1919, RStBl. S. 325 ff., Erl. RFM. vom 30. September 1920 III 7664, DStBl. 1921 S. 639, Zimmermann S. 44.)

Zeitungsverkäufer entweder selbständig oder Angestellte, ersteres dann, wenn sie die Exemplare von dem Verlag zu ermäßigten Preisen erhalten, so daß ihnen der gesamte Erlös zugute kommt, oder wenn sie Unternehmer von Zeitungsverkaufsstellen sind.

Zeitungsfrauen, Zeitungsausträgerinnen, die die abonnierten Zeitungen austragen, sind Angestellte.

Hausgewerbetreibende (Begriffsmerkmale s. Stier-Somlo RVO. zu § 162) sind selbständig und daher umsatzsteuerpflichtig, ein Lohnabzug kommt bei ihnen nicht in Frage. Für sie sind nach der Auffassung der Rechtsprechung und Wissenschaft (Stier-Somlo, Deutsche Sozialgesetzgebung S. 108 ff.) folgende Merkmale erforderlich:

1. Herstellung oder Bearbeitung gewerblicher Erzeugnisse in der Hauptsache durch persönliche Tätigkeit mit eigenem Handwerkszeug und Maschinen,
2. Selbständigkeit des Arbeitenden, d. h. es muß ihm die selbständige Verfügung über seine Arbeitskraft zustehen,
3. die Beschäftigung muß vor sich gehen im eigenen Betriebe (Werkstätten) des Arbeiters,
4. sie muß erfolgen im Auftrage und für Rechnung anderer Gewerbetreibender, d. h. der Hausgewerbetreibende trägt nicht das Risiko des Absatzes an die Konsumenten, sondern lediglich an den Besteller, wofür dann dieser allgemein auch den Unternehmergewinn erwirbt (s. auch Erl. RFM. vom 29. Oktober 1920 III 28 127).

Für die Umsatzsteuer besteht bezüglich der Umsatzsteuerpflicht der Hausgewerbetreibenden insofern eine Abweichung, als die Ausführungsbestimmungen (§ 1) auf Grund des § 108 Abs. 2 AO. eine Gruppe von an sich selbständigen Hausgewerbetreibenden von der Umsatzsteuerpflicht befreit haben (Popitz DStBl. 1920 S. 642). Diese Befreiung von der Umsatzsteuerpflicht ändert natürlich nichts an der Selbständigkeit des betreffenden Hausgewerbetreibenden, er wird nur für die Umsatzsteuer nicht als selbständig behandelt, ein Lohnabzug kommt für ihn deswegen nicht in Frage.

Den Hausgewerbetreibenden gegenüber stehen die unselbständigen Außen- oder Heimarbeiter, die aus besonderen Gründen die Arbeit außerhalb der Betriebsstätten des Arbeitgebers verrichten, an dessen Anordnung hinsichtlich der Arbeitsführung und der Lieferzeit gebunden sind und als gewerbliche Arbeiter dem Steuerabzug unterliegen (Erl. RFM. vom 29. Oktober 1920 III 28 127, Steinbach, GO. Anm. 1 zu § 14 S. 12, Anm. zu § 119 b S. 208, Reger-Stöhsel, GO. Anm. 1 zu § 14 S. 29, Zimmermann S. 44 ff.).

Zwischenmeister: (Erl. RFM. vom 12. Oktober 1920 III 26 603 und 3. Dezember 1920 III 31 586). Vielfach werden sie (die sog. Werkmeister, Faktoren, Akkordmeister, Kolonnenführer) Angestellte sein, auch wenn sie ihrerseits die Befugnis und Verpflichtung haben, weitere Arbeiter anzunehmen. Die Entscheidung wird nur von Fall zu Fall getroffen werden können (vgl. wegen der Ziegelmeister OVG. Bd. 10 S. 133, 14 S. 404). Zweifelhaft kann sein, ob nicht die Zwischenmeister in der Damen-Konfektionsbranche selbständige Unternehmer sind (s. Anm. 12).

Agenten sind selbständige Gewerbetreibende, wobei jedoch darauf hingewiesen wird, daß im Verkehr oft als Agenten Personen bezeichnet werden, die zweifellos zu den Angestellten, also zu den Personen gehören, die keine selbständige gewerbliche Tätigkeit ausüben (Popitz 1918 S. 57).

Über Handlungsagenten s. RStBl. 1921, S. 264. Handlungsagenten sind als selbständige Gewerbetreibende mit ihrer Provision umsatzpflichtig (Unterschied zwischen der Tätigkeit eines unselbständigen Handlungsgehilfen und eines Agenten, der mit dem als Vergütung für seine Leistungen im engeren Sinne erhaltenen Entgelt umsatzsteuerpflichtig ist, § 84 HGB., RFH. Bd. 5 S. 266, Staub HGB., 10. Aufl., zu § 84 S. 473, zu § 84 S. 471/472, Zimmermann S. 43).

Versicherungsagenten: (s. die eingehenden Darlegungen RFH. Bd. 3 S. 291). Das preußische OVG. hat die Selbständigkeit der gewerblichen Tätigkeit der Versicherungsagenten bejaht, die als Spezialagenten für die Versicherungsgesellschaft tätig sind, d. h. für die Gesellschaft im Publikum werben, ihr die zum Abschluß bereiten Personen zuführen oder die an sie aus dem Publikum ergehende Aufträge entgegennehmen, um den Abschluß der Versicherungsverträge zu vermitteln (OVGSt. Bd. 4 S. 342).

Generalagenten: OVG. vom 18. April 1895, 18. Januar 1900: Generalagenten sind Personen, welche die Gesellschaft in einem bestimmten Bezirk vertreten, die den Spezialagenten zugegangenen Aufträge entgegennehmen und den Abschluß von Verträgen herbeiführen, sie erscheinen für den Umfang der darauf gerichteten Tätigkeit überhaupt nicht als Gewerbetreibende, sondern infolge der ihnen eingeräumten besonderen Vertrauensstellung als Beamte der Gesellschaft, so daß sie in diesem Umfange der zum Gewerbebetrieb begrifflich notwendigen Selbständigkeit entbehren. In dem Urteil vom 18. Januar 1900 ist das Oberverwaltungsgericht darüber hinausgegangen und hat die Selbständigkeit der Gewerbetätigkeit eines Generalagenten im vollen Umfang seiner Tätigkeit, auch soweit sie Geschäftsvermittlung in sich schließt, verneint, indem es nach den besonderen Anstellungsverhältnissen der in Rede stehenden Versicherungsgesellschaft für den Generalagenten in diesem vollen Umfang seiner Tätigkeit ein Beamtenverhältnis annimmt (OVGSt. Bd. 6 S. 427 ff.). Eine und dieselbe Person kann als Generalagent mit beamtenähnlicher Stellung für eine Versicherungsanstalt tätig sein und daneben gleichzeitig als einfacher Spezialagent für dieselbe Versicherungsanstalt im eigenen Vermittlungsgewerbe auftreten, dann handelt es sich um verschiedene, von derselben Person nebeneinander ausgeübte Tätigkeiten, von denen sich diejenige des Spezialagenten als selbständige gewerbliche Tätigkeit darstellt *).

Handlungs- und Provisionsreisende: Die Entscheidung der Frage, ob bei den Handlungs- und Provisionsreisenden der Steuerabzug vorzunehmen ist, hängt von der Feststellung ab, ob der Provisionsreisende als Handlungsgehilfe angestellt ist oder nicht (Erl. RFM. vom 21. Januar 1921 III 31 996, Popitz S. 150/151, Zimmermann S. 43).

Trichinen- und Fleischbeschauer werden im allgemeinen nicht als selbständige Gewerbetreibende anzusehen sein.

Hebammen mit Ausnahme der festbesoldeten sind umsatzsteuerpflichtig.

Dienstmänner begeben sich im allgemeinen bei Ausführung von Umzügen, Führen von Reisenden, Besorgen von Botengängen nicht in ein Abhängigkeitsverhältnis, sondern verpflichten sich nur zu einer bestimmten Leistung, sind daher, somit sie nicht Angestellte eines Dienstmännerinstitutes sind, umsatzsteuerpflichtig.

§ 46 [1]).

Einzelheiten des Steuerabzugs.

(1) Der Arbeitgeber [2, 3]) hat vom Arbeitslohn [4]) einen Betrag von zehn vom Hundert [5]) unter Berücksichtigung der im Abs. 2, 6 vorgesehenen Ermäßigungen [6]) für Rechnung des Arbeitnehmers [7]) einzubehalten.

(2) Der Betrag von zehn vom Hundert des Arbeitslohns [8]) ermäßigt sich [9, 10])

1. für den Steuerpflichtigen [11]) und für seine zu seiner Haushaltung zählende Ehefrau [12])
   a) im Falle der Zahlung [13]) des Arbeitslohns für volle **Monate** [14]) um je [15]) **40 Mark** monatlich,
   b) im Falle der Zahlung des Arbeitslohns für volle **Wochen** um je **9,60 Mark** wöchentlich,
   c) im Falle der Zahlung des Arbeitslohns für volle Arbeitstage um je **1,60 Mark** täglich,
   d) im Falle der Zahlung des Arbeitslohns für kürzere Zeiträume um je **0,40 Mark** für je zwei angefangene oder volle Arbeitsstunden;

---

*) Die Entscheidung kann nur von Fall zu Fall getroffen werden: Popitz 1919 S 144 ff.; derselbe 1918 S. 57, Einf. S. 14; DStBl. 1921 S. 306; Fernow, Gewerbesteuergesetz S. 49 ff.; DStBl. 1920 S. 15 ff.; Erl. RFM. vom 24. März 1919 II 6345, 28. Mai 1919 II 12310, 13. Juli 1920 III 5296 OVG. Bd. 3 S. 239, 4 S. 342, 5 S. 163, 404, 6 S. 427, 7 S. 443, 8 S. 439; DStBl. 1921 S. 328.

2. für jedes zur Haushaltung des Steuerpflichtigen zählende minderjährige Kind im Sinne des § 17 Abs. 2[16])
   a) im Falle der Zahlung des Arbeitslohns für volle **Monate** um **80 Mark** monatlich,
   b) im Falle der Zahlung des Arbeitslohns für volle **Wochen** um **19,20 Mark** wöchentlich,
   c) im Falle der Zahlung des Arbeitslohns für volle Arbeitstage um **3,20 Mark** täglich,
   d) im Falle der Zahlung des Arbeitslohns für kürzere Zeiträume um **0,80 Mark** für je zwei angefangene oder volle Arbeitsstunden.

   Kinder im Alter von mehr als 17 Jahren, die Arbeitseinkommen beziehen, werden nicht gerechnet[17]);
3. zur Abgeltung der nach § 13 Abs. 1 Nr. 1 bis 7 zulässigen Abzüge[18])
   a) im Falle der Zahlung des Arbeitslohns für volle **Monate** um **90 Mark** monatlich,
   b) im Falle der Zahlung des Arbeitslohns für volle **Wochen** um **21,60 Mark** wöchentlich,
   c) im Falle der Zahlung des Arbeitslohns für volle Arbeitstage um **3,60 Mark** täglich,
   d) im Falle der Zahlung des Arbeitslohns für kürzere Zeiträume um **0,90 Mark** für je zwei angefangene oder volle Arbeitsstunden.

Auf Antrag ist eine Erhöhung dieser Beträge zuzulassen, wenn der Steuerpflichtige nachweist, daß die ihm zustehenden Abzüge im Sinne des § 13 Abs. 1 Nr. 1 bis 7 den Betrag von **10800 Mark** um mindestens **1200 Mark** übersteigen. Über den Antrag entscheidet das Finanzamt[19]). |

Stehen Abzüge im wirtschaftlichen Zusammenhange mit anderem Einkommen als Arbeitslohn, so sind sie zunächst von dem anderen Einkommen abzusetzen; nur insoweit diese Abzüge das andere Einkommen übersteigen, sind sie in die Abgeltung einbegriffen[20]).

(3) Für die nach Abs. 2 Nr. 1, 2 abzusetzenden Beträge ist der Familienstand des Arbeitnehmers am 1. Oktober des vorangegangenen Jahres für ein Kalenderjahr maßgebend[21]). Der Reichsminister der Finanzen kann einen anderen Stichtag festsetzen.

(4) Bezieht ein Steuerpflichtiger neben den laufenden Bezügen sonstige, insbesondere einmalige Einnahmen (Tan-

tiemen, Gratifikationen usw.), so wird der von diesen Einnahmen einzubehaltende Betrag von zehn vom Hundert ohne Berücksichtigung der im Abs. 2 vorgesehenen Beträge abgezogen[22].

(5) Dienstaufwandsentschädigungen im Sinne des § 34 Abs. 1 bis 3 bleiben bei Feststellung des einzubehaltenden Betrags außer Ansatz[23].

(6) Wird der Arbeitslohn nicht für eine bestimmte Arbeitszeit gezahlt, so tritt an die Stelle der Ermäßigungen nach Abs. 2 eine feste Ermäßigung von fünf vom Hundert des Arbeitslohns[24].

(7) Die Bestimmungen über die Abrundung des einzubehaltenden Betrags erläßt der Reichsminister der Finanzen[25].

1. § 46 verpflichtet den Arbeitgeber entsprechend dem § 45 des seitherigen Gesetzes 10 vom Hundert des Arbeitslohns unter Berücksichtigung der im § 46 Abs. 2 und 6 vorgesehenen Ermäßigungen als Steuer einzubehalten; trifft also Bestimmungen darüber, daß und in welcher Höhe die vom Arbeitslohn zu entrichtende Einkommensteuer — zunächst vorläufig — vom Arbeitgeber festzusetzen und zu erheben ist. Diese vorläufige Festsetzung kann aber unter den sich aus den §§ 48, 49 ergebenden Voraussetzungen eine endgültige sein (Kuhn, Die Einkommensteuer vom Arbeitslohn S. 10). Eine Entschädigung des Arbeitgebers für die von ihm infolge des Steuerabzuges zu leistenden Arbeiten kannte das seitherige Gesetz nicht und kennt das Gesetz über die Einkommensteuer vom Arbeitslohn nicht. Der Arbeitgeber haftet nach § 52 dem Reiche für die Einbehaltung und Entrichtung der in §§ 46, 47 bestimmten Beträge neben dem Arbeitnehmer als Gesamtschuldner, wegen Abführung an die Reichskasse § 51, wegen der Strafbarkeit § 53a.

2. Arbeitgeber ist jeder, der an einen Arbeitnehmer Arbeitslohn auszahlt (Strutz S. 275), und zwar wird man als Arbeitgeber denjenigen, der den Arbeitslohn zahlt, selbst dann zu verstehen haben, wenn er nicht derjenige ist, der die Arbeit gegeben hat, d. h. sie übertragen hat. Als Arbeitgeber der Heimarbeiter soll nach dem Ausschußbericht zum Einkommensteuergesetz regelmäßig die Person anzusehen sein, die dem Heimarbeiter die Arbeit zur Ausführung überläßt und ihm den Lohn auszahlt. Bei Auszahlung des Lohns oder Gehalts aus einer öffentlichen Kasse hat diese die Rechten und Pflichten des Arbeitgebers, erfolgt die Auszahlung nicht durch den Arbeitgeber selbst, so gilt die auszahlende Kasse als Arbeitgeber (§ 17 EStADB.). Über den Begriff des Arbeitgebens bei Einschieben von Mittel- oder Zwischenpersonen s. Anm. 12 zu § 45.

Als Arbeitgeber im Sinne des Gesetzes über die Einkommensteuer vom Arbeitslohn wird jede physische oder juristische Person — unter Umständen auch eine Gesellschaft oder Vereinigung ohne eigene Rechtspersönlichkeit — und jede öffentliche Kasse anzusehen sein, die Arbeitslohn im Sinne des § 45 Abs. 2 an einen mit diesem Arbeitslohn steuerpflichtigen Arbeitnehmer auszahlt oder in anderer Form gewährt und zur Erfüllung der nach dem Gesetz dem Arbeitgeber auferlegten Obliegenheiten verpflichtet ist (Kuhn, Der Steuerabzug vom Arbeitslohn S. 20). Gehört das Unternehmen einer juristischen Person, wie Aktiengesellschaft oder Gesellschaft mit beschränkter

Haftung u. s. w., wird es auf deren Rechnung betrieben, gehört ihr auch das dem Betrieb gewidmete Vermögen, so ist zweifellos die juristische Person der Unternehmer und die im Unternehmen beschäftigten Personen, vom geschäftsführenden Vorstand bis zum einfachsten Arbeiter, sind als Angestellte oder Arbeiter nur Hilfspersonen und Arbeitnehmer (Zimmermann S. 46). Die Frage, ob die im Gesetze vorgesehene Mitwirkungspflicht des Arbeitgebers im einzelnen Fall besteht, wird dabei nicht davon abhängen, ob nach dem Einkommensteuergesetz oder nach anderen Steuergesetzen Steuerpflicht besteht, sondern davon, ob die Person oder Stelle der deutschen Gesetzeshoheit überhaupt unterworfen ist (Kuhn, Der Steuerabzug vom Arbeitslohn S. 21). Dies trifft zweifellos zu für sämtliche Arbeitgeber ohne Rücksicht auf Staatsangehörigkeit, Wohnsitz oder Aufenthalt, die im Inland — auch während eines nur vorübergehenden Aufenthaltes oder bei Unterhaltung einer gewerblichen oder sonstigen Niederlassung im Inland — Arbeitnehmer gegen Lohn, Gehalt oder sonstige Bezüge angestellt haben und beschäftigen. Auch für deutsche Beamte und Behörden im Auslande besteht die Verpflichtung zur Erfüllung der gesetzlichen Obliegenheiten des Arbeitgebers. Ausgenommen hiervon sind von den im Inlande wohnhaften oder sich aufhaltenden Arbeitgebern nur die Personen, die nach allgemeinen völkerrechtlichen Grundsätzen oder auf Grund besonderer Vertragsbestimmungen (z. B. Friedensvertrag) der deutschen Gesetzeshoheit nicht unterworfen sind (Kuhn a. a. O. S. 21). Das wird z. B. der Fall sein bei den Chefs oder Vorsitzenden von interalliierten Kommissionen. In diesen und ähnlichen Fällen, in denen die Vornahme des Steuerabzuges durch den Arbeitgeber nicht in Frage kommt, wie dies bei den im Dienst von Exterritorialen stehenden deutschen Arbeitnehmern der Fall ist, die ihre Bezüge unmittelbar von den Exterritorialen ausgezahlt erhalten (z. B. deutsche Lohnangestellte im Dienste der Rheinlandkommission), ebenso bei Arbeitnehmern, die im Inlande ihren Wohnsitz oder gewöhnlichen Aufenthalt haben, aber im Auslande im Dienste eines ausländischen Arbeitgebers tätig sind, hat stets, soweit überhaupt eine Steuerpflicht besteht (s. Anm. 3) Veranlagung stattzufinden (Verf. RFM. vom 6. Juni 1921 III 11 018).

3. Voraussetzung für die Heranziehung des Arbeitnehmers zur Einkommensteuer in der vereinfachten Form ist neben dem Bezug von Arbeitslohn im Sinne des § 45 Abs. 2, daß er selbst mit diesem Arbeitslohn der subjektiven (unbeschränkten oder beschränkten) Steuerpflicht nach §§ 2, 3 EStG. unterliegt. Arbeitslohn, der an nicht mit diesem Arbeitslohn einkommensteuerpflichtige Personen gezahlt wird, unterliegt nicht der Einkommensteuer und daher auch nicht dem Steuerabzug. Der Steuerabzug hat jedoch erst dann zu unterbleiben, wenn das für den Arbeitgeber zuständige Finanzamt eine Bescheinigung erteilt hat, daß der Empfänger des Arbeitslohns nicht mit diesem der Einkommensteuerpflicht unterliegt (Erl. RFM. vom 11. August 1920 III 18 168).

Die Einkommensteuerpflicht besteht bei Erfüllung der übrigen gesetzlichen Voraussetzungen ohne Rücksicht auf Stand, Alter und Geschlecht. Nach § 2 Nr. I EStG. sind mit Arbeitslohn jeder Art regelmäßig einkommensteuerpflichtig **(unbeschränkt steuerpflichtig)**:

a) Deutsche, sofern sie im Inland einen Wohnsitz oder ihren gewöhnlichen Aufenthalt (§§ 62, 63 AO.) haben,

b) Deutsche, soweit sie sich nicht länger als zwei Jahre dauernd im Ausland aufhalten, ohne im Inland einen Wohnsitz zu haben. Die Frist von zwei Jahren ist durch die Verordnung zur Abänderung des § 1 der Ausführungsbestimmungen zum Steuerfluchtgesetz vom 13. Januar 1921 (Zentralblatt für das Deutsche Reich 1921 S. 54) in Verbindung mit den §§ 1, 30 dieses Gesetzes bis zum Schlusse des dritten Jahres nach Ablauf desjenigen Jahres, in dem der Krieg mit allen Großmächten beendet ist, verlängert worden (Strutz S. 13). Als Zeitpunkt der Beendigung des Krieges mit allen Großmächten im Sinne der §§ 20 Abs. 1 Nr. 3 und 30 des Steuerfluchtgesetzes ist der 11. November 1921, der Tag des Inkrafttretens des am 25. August 1921 unterzeichneten Vertrages zwischen Deutschland und den Vereinigten Staaten von Amerika (Reichs-Gesetzbl. S. 1317) anzusehen (Art. III des Vertrages und Bekanntmachung vom 17. November 1921, Reichs-Gesetzbl. S. 1369, Erl. RFM. vom 30. Mai 1922 III 2935),

c) Beamte des Reiches oder der Länder und Militärpersonen, die ihren dienstlichen Wohnsitz im Ausland haben, sowie die in ihren Diensten stehenden Deutschen ohne Rücksicht auf die Dauer ihres Aufenthaltes im Auslande, soweit sie an ihrem ausländischen Wohnsitz nicht zu einer entsprechenden direkten Steuer herangezogen werden,

d) Nichtdeutsche, wenn sie im Deutschen Reiche einen Wohnsitz oder des Erwerbes wegen oder länger als sechs Monate ihren gewöhnlichen Aufenthalt haben. Wird die Steuerpflicht durch einen Aufenthalt von mehr als sechs Monaten begründet, so erstreckt sich die Steuerpflicht auch auf die ersten sechs Monate.

Die Einkommensteuerpflicht besteht ferner nach § 2 Nr. II EStG. für alle natürlichen Personen ohne Rücksicht auf Staatsangehörigkeit, Wohnsitz oder Aufenthalt, mit Arbeitslohn aus einer im Inland ausgeübten Erwerbstätigkeit oder mit solchen regelmäßig wiederkehrenden Bezügen oder Unterstützungen, die aus inländischen öffentlichen Kassen mit Rücksicht auf eine gegenwärtige oder frühere Dienstleistung oder Berufstätigkeit gewährt werden. Soferne demnach für Beamte u. s. w. nicht die unbeschränkte Steuerpflicht gegeben ist (Ziffer c oben) besteht für sie zu mindesten die beschränkte Steuerpflicht mit ihren Bezügen aus inländischen öffentlichen Kassen, wobei es gleichgültig ist, ob die Bezüge dem Steuerpflichtigen für seine eigene Tätigkeit oder für die Tätigkeit eines Dritten gewährt werden, z. B. Witwen- und Waisenpensionen. Die Bezüge müssen aus öffentlichen Kassen — also zu Lasten einer Körperschaft des öffentlichen Rechts — gewährt werden. Ob die tatsächliche Auszahlung durch eine öffentliche Kasse oder durch eine Privatperson erfolgt, ist ohne Bedeutung, auch ist es belanglos, ob die Dienstleistung oder Berufstätigkeit im Beamtenverhältnis erfolgt oder nicht. Eine Auszahlung aus einer inländischen öffentlichen Kasse liegt auch dann vor, wenn zwar die Zahlung aus einer im Ausland befindlichen öffentlichen Kasse erfolgt, diese Kasse aber aus Mitteln einer inländischen öffentlichen Kasse gespeist wird.

Als Inland im Sinne dieser Vorschriften gilt das gesamte Gebiet des Deutschen Reiches, wie es sich auf Grund des Friedensvertrages ergibt und soweit es nicht, wie z. B. das Saargebiet, der deutschen Steuerhoheit entzogen ist.

Ein Ausländer, der auf einem teils im Reichsgebiet, teils im Ausland fahrenden Binnenschiff beschäftigt ist, unterliegt nach § 2 Nr. II der Einkommensteuer. Nach der Rechtsprechung gilt ein Schiff gewissermaßen als Teil seines Heimatstaates, wandelnder Gebietsteil (OVG. vom 26. Febr. 1902, Mitt. Nr. 43 S. 25; § 6 des Ges. betr. die privatrechtlichen Verhältnisse der Binnenschiffahrt vom 15. Juni 1895, Reichs-Gesetzbl. S. 1895). Die Betriebsstätte der Schiffahrt gilt als in dem Staate gelegen, in dem der Heimatort des Schiffers liegt. Demnach übt ein Matrose, der auf einem Schiff beschäftigt ist, seine Erwerbstätigkeit in dem Staate aus, dem der Heimatort des Schiffes angehört. Soweit ein Anstellungs- oder Beschäftigungsverhältnis vorliegt, unterliegt er mit seinen Bezügen dem Steuerabzug.

Anders kann die Rechtslage sein, wenn eine Schiffahrtslinie auf ihren Auslandsreisen, z. B. in Afrika, Hilfsarbeiter annimmt, die die Reise an Bord mitmachen und namentlich in den angelaufenen Häfen bei den Löschungs- und Ausladungsarbeiten tätig sind und dann gewöhnlich auf der Rückfahrt wieder abgemustert werden. Ein unter deutscher Flagge fahrendes Schiff gilt nach völkerrechtlichen Grundsätzen als Inland, die Hilfsarbeiter sind mit ihrem Einkommen, das ihnen aus der im Inland ausgeübten Erwerbstätigkeit zufließt, an sich nach § 2 Nr. II steuerpflichtig. Es kann jedoch fraglich erscheinen, ob deutsche Handelsschiffe nur auf hoher See als Inland gelten oder ob dies auch der Fall ist, wenn sie sich in der Hoheitsgrenze fremder Staaten, z. B. in ausländischen Häfen, befinden. Es dürfte dies wohl nur der Fall sein, wenn sich das deutsche Schiff im Heimathafen aufhält oder unter deutscher Flagge sich auf hoher See befindet. Soweit demnach Hilfsarbeiter auf Auslandsreisen in ausländischen Häfen angemustert werden, in diesen Dienste leisten und im Auslandshafen wieder abgemustert werden, dürfte ein Steuerabzug für sie nicht in Betracht kommen, dagegen wohl hinsichtlich der Bezüge aus der Tätigkeit auf hoher See oder im Heimathafen.

Ferner kommen noch in Betracht Befreiungen von der Einkommensteuer nach § 3 EStG.:

1. Darnach sind von der Einkommensteuer befreit Personen, denen unter Wahrung der Gegenseitigkeit nach allgemeinen völkerrechtlichen Grundsätzen oder denen nach besonderen, mit anderen Staaten getroffenen Vereinbarungen ein Anspruch auf Befreiung von persönlichen Steuern zusteht. Dazu gehören z. B. die beim Deutschen Reiche oder einem deutschen Lande beglaubigten Vertreter fremder Staaten (Botschafter, Gesandte, Geschäftsträger), denen das Recht der Exterritorialität zusteht. Die diesen diplomatischen Vertretern zugewiesenen Beamten genießen nach allgemeinen völkerrechtlichen Grundsätzen ebenfalls Einkommensteuerfreiheit, sofern Gegenseitigkeit verbürgt ist, d. h. auch die entsprechenden deutschen Beamten in dem Staate, dem die in Deutschland beglaubigten Vertreter angehören, in gleichem Umfange Steuerfreiheit genießen. Die im Dienste von Exterritorialen und ihrer Beamten stehenden Personen genießen Steuerfreiheit nur, wenn sie Ausländer sind, nicht dagegen die im Dienste ausländischer beglaubigter Vertreter stehenden Deutschen (wegen der Nichtvornahme des Steuerabzuges s. Anm. 2), sofern nicht eine besondere Vereinbarung vorliegt. Den Konsuln und den Konsularbeamten steht wenigstens nach allgemeinen völkerrechtlichen Grundsätzen kein Anspruch auf Steuerfreiheit zu, sie können auf solche nur Anspruch erheben, falls hierüber eine entsprechende Vereinbarung getroffen ist.

2. Nach § 55 Abs. 1 EStG. sind Auslandsdeutsche im Sinne des § 20 Abs. 1 Nr. 3 des Steuerfluchtgesetzes vom 26. Juli 1918 (Reichs-Gesetzbl. S. 951) vom Schlusse des Monats ab, in dem sie in das Ausland zurückkehren, von der unbeschränkten Steuerpflicht (§ 2 Nr. I), nicht auch von der beschränkten Steuerpflicht befreit.

3. Nach § 55 Abs. 1 EStG. in Verbindung mit § 21 des Steuerfluchtgesetzes können Deutsche auf Antrag von der Einkommensteuer freigestellt werden, wenn ihre Auswanderung im deutschen Interesse liegt oder

wenn die Ablehnung des Antrags eine außergewöhnliche Härte darstellen würde. Über den Antrag auf Freistellung entscheidet gemäß § 456 Abs. 2 AO. das Landesfinanzamt, gegen dessen Entscheidung steht dem Steuerpflichtigen die Beschwerde an den Reichsfinanzhof zu, der im Beschlußverfahren entscheidet (zum Begriff des deutschen Interesses an der Auswanderung s. RFH. Bd. 1 S. 46, Bd. 3 S. 73, 87, Bd. 7 S. 150).

4. Auf Grund des § 55 Abs. 2 EStG. sind Deutsche, welche in den auf Grund des Friedensvertrags aus dem Deutschen Reiche ausgeschiedenen Gebieten bereits seit mindestens zwei Jahren vor dem für das Ausscheiden maßgebenden Zeitpunkt einen Wohnsitz oder ihren gewöhnlichen Aufenthalt haben, ohne in den bei dem Deutschen Reiche verbliebenen Gebieten einen Wohnsitz zu haben, von der unbeschränkten Steuerpflicht — nicht auch von der beschränkten Steuerpflicht — befreit (vgl. auch Erl. RFM. vom 20. Jan. 1922 III 37 033).

5. Nach § 2 der Verordnung über Befreiungen von der Einkommensteuer vom 30. März 1921 (Zentralbl. für das Deutsche Reich 1921 S. 359, im Anhang abgedruckt) sind beschränkt steuerpflichtige Personen mit ihren Bezügen aus inländischen öffentlichen Kassen, die in einem auf Grund des Friedensvertrages aus dem Deutschen Reiche ausgeschiedenen Gebiet oder zur Zeit der Deutschen Steuerhoheit entzogenen Gebietsteil des Deutschen Reiches ihren Wohnsitz oder gewöhnlichen Aufenthalt haben, mit diesen Bezügen unter bestimmten Voraussetzungen freigestellt.

Nach den vorstehenden Ausführungen ist der Steuerabzug auch vorzunehmen bei den im Inland erwerbstätigen, in einem Beschäftigungs- oder Anstellungsverhältnis stehenden ausländischen Arbeitnehmern, die im Inland weder ihren Wohnsitz noch ihren Aufenthalt haben. Sofern diese Arbeitnehmer gleichzeitig auch in ihrem Wohnsitz- bzw. Aufenthaltsstaate zu einer der Einkommensteuer entsprechenden direkten Steuer herangezogen werden, kann nur im Wege eines Staatsvertrags bzw. einer zwischenstaatlichen Vereinbarung Abhilfe geschaffen werden. Nachdem durch § 62 Abs. 4 des Landessteuergesetzes das Doppelsteuergesetz vom 22. März 1909 (Reichs-Gesetzbl. S. 332) aufgehoben ist, und die zwischen den deutschen Einzelstaaten und den Auslandsstaaten abgeschlossenen Verträge zur Vermeidung von Doppelbesteuerung mit dem Inkrafttreten des Einkommensteuergesetzes vom 29. März 1920 ihre Gültigkeit verloren haben, erübrigt sich nur der Abschluß neuer Staatsverträge unter entsprechender Anwendung der Grundsätze des Doppelsteuergesetzes vom 22. März 1909. Darnach ist die Heranziehung von im Ausland wohnhaften Arbeitnehmern, die in Deutschland erwerbstätig sind und in einem Anstellungs- oder Beschäftigungsverhältnis stehen, wie dies bei der Grenzbevölkerung häufig der Fall ist, zur Einkommensteuer bezüglich der Einkünfte aus dem Beschäftigungs- oder Anstellungsverhältnis nur in dem Wohnsitzstaate zulässig. In Erwartung des Abschlusses von Staatsverträgen auf der Grundlage des Doppelsteuergesetzes vom 22. März 1909 ist bisher folgendes verfügt worden:

1. Bei den in Deutschland erwerbstätigen, in Luxemburg wohnhaften Arbeitern luxemburgischer Nationalität ist auf den Steuerabzug verzichtet worden (Erl. RFM. vom 3. Januar 1921 III 33 712).

2. Zwischen dem Deutschen Reiche und der Freien Stadt Danzig gelten auf Grund einer vorläufigen Vereinbarung bis zum Abschluß eines Vertrages über Beseitigung von Doppelbesteuerungen auf dem Gebiete der Einkommensteuer bis auf weiteres die Vorschriften der §§ 1, 2, Abs. 1, 2 und 3 des Doppelsteuergesetzes vom 22. März 1909, so daß Arbeiter, die in Danzig

wohnen, aber im Inland erwerbstätig sind, dem Steuerabzug mit ihren Bezügen aus einem Lohn- oder Beschäftigungsverhältnis nicht unterliegen (Erl. RFM. vom 28. Februar 1921 III 2003).

3. Bezüglich der in Deutschland erwerbstätigen, in der Schweiz wohnhaften Arbeiter schweizerischer oder deutscher Nationalität ist auf die Vornahme des Steuerabzuges verzichtet worden (Erl. RFM. vom 4. März 1921 III 34 072 und 13. April 1921 III 9137).

Mit Österreich und der Tschechoslowakei sind Abkommen zur Vermeidung der Doppelbesteuerung abgeschlossen, so daß also Arbeitnehmer, die in diesen Staaten ihren Wohnsitz oder gewöhnlichen Aufenthalt haben und in Deutschland erwerbstätig sind, dem Steuerabzug mit ihren Bezügen aus einem Lohn- oder Beschäftigungsverhältnis nicht unterliegen (Erl. RFM. vom 28. Juni 1922 III R 5229).

4. Im Verhältnis zwischen dem Saargebiet und dem übrigen Deutschen Reiche finden im wesentlichen die Vorschriften des Doppelsteuergesetzes vom 22. März 1909 Anwendung, so daß also Arbeitnehmer, die im Saargebiete ihren Wohnsitz oder gewöhnlichen Aufenthalt haben, aber im übrigen Deutschen Reiche einer Erwerbstätigkeit nachgehen, mit ihrem Arbeitslohn aus einem Beschäftigungs- oder Anstellungsverhältnis im übrigen Deutschen Reiche nicht steuerpflichtig sind (Erl. RFM. vom 11. Oktober 1921 III 31001).

Bezüglich der beschränkt steuerpflichtigen Personen, denen regelmäßig wiederkehrende Bezüge oder Unterstützungen aus inländischen öffentlichen Kassen mit Rücksicht auf eine gegenwärtige oder frühere Dienstleistung oder Berufstätigkeit gewährt werden, steht das Steuerrecht dem Staate zu, aus dessen öffentlichen Kassen die Bezüge geleistet werden, diese Bezüge werden nur in dem Staate, aus welchem die Zahlung zu erfolgen hat, zu den direkten Steuern herangezogen (§ 4 des Reichsgesetzes wegen Beseitigung der Doppelbesteuerung vom 13. Mai 1870 Bundes-Gesetzbl. S. 119, in der dem § 2 Abs. 2 des Gesetzes vom 16. April 1871 Bundes-Gesetzbl. S. 63 entsprechenden Fassung). Es ist deshalb grundsätzlich auch auf dem Steuerabzug bezüglich der Bezüge aus inländischen öffentlichen Kassen bestanden worden ohne Rücksicht darauf, daß die betreffenden Personen in ihrem Aufenthaltsstaate mit diesen Bezügen zu einer der Einkommensteuer entsprechenden direkten Steuer herangezogen werden (z. B. die in Basel stationierten Reichseisenbahn- und Reichszollbeamten, Verf. RFM. vom 25. Mai 1921 III 11659).

Bezüglich Danzig ist das Recht Deutschlands auf Besteuerung der aus seinen öffentlichen Kassen mit Rücksicht auf eine gegenwärtige oder frühere Dienstleistung oder Berufstätigkeit gewährten Bezüge oder Unterstützungen (Besoldungen, Ruhegehälter, Wartegelder, Versorgungsbezüge und dgl.) durch die oben erwähnte Verordnung vom 30. März 1921 (s. Anhang) nicht berührt worden. Nunmehr hat Danzig seine Steueransprüche bezüglich der in seinem Gebiete befindlichen, aus deutschen Kassen besoldeten Beamten und Ruhegehaltsempfänger um die für Rechnung des Reiches einbehaltenen Steuerabzüge ermäßigt, so daß insoweit eine Doppelbesteuerung nicht mehr stattfindet (Erl. RFM. vom 18. Juli 1921 III E 20648. Staatsanzeiger für Danzig 1921 S. 186 ff.). *)

*) Für die Veranlagung der in Danzig tätigen Beamten ist, soweit es an einem aus anderen Gesichtspunkten zuständigen Finanzamt fehlt (§ 51 Abs. 3 Z. 2 AO.), das Finanzamt zuständig, in dessen Bezirk sich die auszahlende inländische öffentliche Kasse, d. i. die für den einzelnen Beamten zuständige Zentralkasse des betreffenden Ressorts in Berlin befindet, zuständig (§ 10 EStAB. Erl. RFM. vom 24. Januar 1921 III 1346.)

4. Über den Begriff des Arbeitslohns s. die Anm. zu § 45 Abs. 2. Die Verpflichtung des Arbeitgebers zur Einbehaltung des Betrages von 10 vom Hundert des Arbeitslohns unter Berücksichtigung der im Abs. 2, 6 vorgesehenen Ermäßigungen — Ausnahme § 46 Abs. 6 — besteht bei jeder Lohnzahlung, bei der ein Geldbetrag von dem Arbeitgeber auszuzahlen ist. Die Einbehaltung setzt demnach die Auszahlung eines Barlohnes voraus. Wird ein Barlohn überhaupt nicht ausgezahlt, so kann ein Steuerabzug nicht in Frage kommen. In diesem Falle gelten, da der Arbeitslohn nicht in der vereinfachten Form besteuert wird, die allgemeinen Vorschriften des Einkommensteuergesetzes, es hat Veranlagung stattzufinden. Bei Entlohnung mittels Barlohnes und mittels Gewährung von Natural- und sonstigen Sachbezügen ist bei der Berechnung des vom Barlohn einzubehaltenden **Betrages auch der Wert der** Natural- und sonstigen Sachbezüge zu berücksichtigen (§ 2 EStADB.).

5. Grundsätzlich 10 vom Hundert des auszuzahlenden oder in geldwerten Vorteilen gewährten Arbeitslohns, auch wenn der Arbeitslohn 100 000 Mark übersteigt, § 46 findet **ohne Rücksicht** auf die **Höhe des Arbeitslohnes** Anwendung. Der Arbeitnehmer kann sich jedoch freiwillig einen höheren Betrag als 10 vom Hundert einbehalten lassen, der ihm dann später auf die zu veranlagende Einkommensteuer angerechnet wird. Bei einem den Betrag von 100 000 Mark übersteigenden Arbeitslohn stellt der einbehaltene Betrag wie bisher nur eine Abschlagszahlung dar. Zieht der Arbeitgeber den „einzubehaltenden" Betrag dem Arbeitnehmer nicht vom Arbeitslohn ab, sondern zahlt ihn aus seiner eigenen Tasche, so bildet dieser Betrag einen Teil des Arbeitslohns, unterliegt also selbst wieder dem Abzuge (Strutz S. 276, Oertmann S. 108 ff.).

6. Der grundsätzlich einzubehaltende Betrag von 10 vom Hundert des Arbeitslohns ermäßigt sich ohne weiteres um die im § 46 Abs. 2 Nr. 1, 2, 3 vorgesehenen Beträge (Ausnahme § 46 Abs. 6), so daß tatsächlich niemals 10 vom Hundert voll einbehalten werden mit Ausnahme des Falles im § 46 Abs. 4. Über Einbehaltung bei beschränkt steuerpflichtigen Personen und bei Personen, die im Inland keinen Wohnsitz oder gewöhnlichen Aufenthalt haben, s. Anm. 9.

7. Der Arbeitgeber hat den näher bestimmten Teil des Arbeitslohns für Rechnung des Arbeitnehmers einzubehalten. Das Gesetz berechtigt und verpflichtet den Arbeitgeber, einen bestimmten Teil des Arbeitslohns statt an den ursprünglichen Gläubiger, den Arbeitnehmer, an dessen Steuergläubiger, das Reich zu zahlen. Die Person des Empfangsberechtigten spaltet sich, und die Leistung an das Reich wirkt im Verhältnis zwischen Arbeitgeber und Arbeitnehmer so, wie wenn sie unmittelbar dem Arbeitnehmer gemacht wäre, dem sie ja auch mittelbar, durch Wegfall seiner Steuerschuld zugute kommt. Der Arbeitgeber zahlt also im Grunde nicht oder doch nicht allein die ihm fremde Steuerschuld des Arbeitnehmers, sondern er leistet mit der Zahlung bzw. Verwendung der angeschafften Steuermarken zugleich mittelbar an seinen Arbeitnehmer, auf dessen Lohnforderung, nur zu Händen eines anderen als des unmittelbar Berechtigten (Oertmann, Der Arbeitslohn S. 107). Leistet der Arbeitgeber im Verhältnis zum Arbeitnehmer durch Verwendung von Steuermarken u. s. w. auf seine Lohnschuld, so ist einerseits diese insoweit ohne weiteres in Höhe der Leistung getilgt, andererseits erwirbt der Arbeitgeber gar keinen Ersatzanspruch wider den Arbeitnehmer, dessentwegen er Anlaß zu einer Aufrechnung oder Einbehaltung hätte — denn er hat ja von vornherein auch dem Arbeitnehmer gegenüber nur das geleistet, was zu leisten ihm oblegen hat. Weiterhin empfängt das Reich in der Leistung des Arbeitgebers das, was ihm der Arbeitnehmer schuldet; es liegt insofern eine mittelbare Steuerleistung des Arbeitnehmers vor. Die Leistung des Arbeitgebers bezieht sich also auf zwei verschiedene Rechtsbeziehungen: sie ist in einem Akt eine (mittelbare) Leistung des Arbeitnehmers an das Reich auf dessen Steuerforderung und eine (gleichfalls mittelbare) Leistung des Arbeitgebers an den Arbeitnehmer auf dessen Lohnforderung. Und da der Arbeitgeber durch das Gesetz zur Vornahme dieser mittelbaren Leistung verpflichtet war, kann ihm im Umfange dieser Verpflichtung nicht außerdem noch eine unmittelbare Leistung desselben Betrages an den Arbeitnehmer obliegen — er müßte ja sonst diesen Betrag doppelt leisten. Also braucht der Arbeitgeber dem Arbeitnehmer selbst von vornherein um so viel weniger zu bezahlen. Dies auch, soweit er die mittelbare Leistung an das Reich vor Fälligkeit der Lohnforderung vollzogen hat. Aber andererseits ist er zum Steuerabzug auch dann berechtigt, wenn er die Steuermarken tatsächlich noch nicht verwendet hat — denn in Höhe der ihm obliegenden Verwendungspflicht ist nicht der Arbeitnehmer selbst, sondern an seiner Stelle das Reich der berechtigte Empfänger; das Empfangsrecht des Arbeitnehmers mindert sich ohne weiteres um den Betrag, zu dem es an seiner Stelle dem Reich zusteht (Oertmann a. a. O. S. 108). Hat der Arbeitnehmer seinen Anspruch an einen Dritten abgetreten, so ist auch diesem gegenüber der Abzug zu machen, denn niemand kann mehr Rechte übertragen, als er selbst besitzt, und das Recht des Arbeitnehmers ist eben durch § 46 beschränkt (Strutz S. 276, Zimmermann S. 80). Bei Berechnung des beschlagsfreien Teiles von der Lohnforderung ist die der Steuerpflicht und dem Steuerabzug unterliegende Summe mitzurechnen. Auch der als Steuer abzuziehende Betrag ist ein Lohnteil, wird dem Arbeitnehmer mittelbar als solcher ausbezahlt und kommt ihm auch wirtschaftlich zugute, denn es wird dadurch seine Steuerschuld getilgt, die er andernfalls mittels des empfangenen Barlohnes hätte selbst entrichten müssen, ohne sich dem Steuerfiskus gegenüber auf die Schranken der Lohnbeschlagnahme berufen zu können (Lohnbeschlagnahmegesetz § 4, Oertmann a. a. O. S. 110, DStZ. Februar 1921, Neue Zeitschrift für Arbeitsrecht 2. Jahrgang S. 96).

8. An dem Arbeitslohn dürfen keine Abzüge gemacht werden, der Arbeitslohn umfaßt also auch die Beiträge, die der Arbeitgeber für den Arbeitnehmer zu Sozialversicherungen bezahlt (Zimmermann S. 69, 83). Eine Ausnahme gilt nur bezüglich der Dienstaufwandsentschädigungen insofern als die in § 34 Abs. 1 bis 3 bezeichneten Entschädigungen außer Ansatz zu bleiben haben (§ 46 Abs. 5).

9. Ohne Rücksicht darauf, ob der Arbeitslohn weniger oder mehr als 100 000 Mark beträgt. Trotz des Wegfalls der Steuerermäßigungen des § 26 Abs. 1 bei den Einkommensgrenzen von 100 000 und 300 000 Mark bei der Veranlagung kann für den Steuerabzug, wenn nicht der Gedanke des Gesetzes nach möglichster Vereinfachung durchbrochen werden will, eine Differenzierung darnach, ob ein Steuerpflichtiger einen Arbeitslohn von weniger als 100 000 Mark hat oder nicht, nicht eintreten. Es wird dabei allerdings den Arbeitnehmern mit mehr als 100 000 Mark Arbeitslohn zu wenig abgezogen, allein es handelt sich dabei nur um Abschlagszahlungen auf die Steuerschuld, der Unterschied wird bei der Veranlagung ausgeglichen (§ 15 EStADB.). Fraglich kann nur erscheinen, ob nicht bei den nach § 2 Nr. I 1 Abs. 2 steuerpflichtigen Personen und den nach § 2 Nr. II beschränkt steuerpflichtigen Personen aus praktischen Erwägungen zur Vermeidung von unnötigen Veranlagungen eine Angleichung des Steuerabzuges an die auf Veranlagung zu erhebende Einkommensteuer zugelassen ist. Bei beschränkt steuerpflichtigen Personen ist der Abzug der im § 13 Abs. 1 Nr. 3 bis 5a und 7 genannten überhaupt nicht, der der übrigen im § 13 Abs. 1 genannten Aufwendungen nur insoweit statthaft, als sie mit dem steuerbaren Einkommen im wirtschaftlichen Zusammenhang stehen (§ 13 Abs. 2). Andererseits finden nach § 27 die Vorschriften des § 26 im Falle der Steuerpflicht nach § 2 Nr. II keine Anwendung, so daß sich bei beschränkt steuerpflichtigen Personen die Steuer nicht um die im § 26 Abs. 1 bezeichneten Beträge ermäßigt und die Anwendung des § 26 Abs. 2 ausgeschlossen ist, demnach an sich 10 vom Hundert des Arbeitslohns ohne Berücksichtigung der Ermäßigungen nach § 46 Abs. 2 Nr. 1 und 2 einbehalten werden müßten. Ferner bleibt nach § 28 bei Steuerpflichtigen, welche im Inlande weder einen Wohnsitz noch ihren Aufenthalt haben, der Anteil des Landes und der Gemeinde (Gemeindeverbandes) an der geschuldeten Einkommensteuer unerhoben, soweit diese nicht auf Einkommen aus inländischem Grundbesitz oder Gewerbebetrieb entfällt. Von Steuerpflichtigen, die im Inlande weder einen Wohnsitz noch ihren Aufenthalt haben, ist an Einkommensteuer nur der nach dem Landessteuergesetze vom 30. März 1920 (Reichs-Gesetzbl. S. 402) auf das Reich entfallende Anteil (§ 17 LStG.) zu entrichten, soweit die Einkommensteuer nicht auf inländischen Grundbesitz oder Gewerbebetrieb entfällt. Die Vergünstigung kommt auch den deutschen Auslandsbeamten sowie den beschränkt Steuerpflichtigen zugute, deren Einkommen nicht aus inländischem Grundbesitz oder Gewerbebetrieb, sondern aus einer inländischen Erwerbstätigkeit oder aus einer inländischen Kasse fließt (§ 2 Nr. II, Kuhn S. 152). Bei dem geltenden Steuerabzug ist die Anwendung der Bestimmungen der §§ 13 Abs. 2, 27 und 28 schon bei der Erhebung der Einkommensteuer vom Arbeitslohn zugelassen worden. (§ 16 EStADB.)

10. Die Ermäßigungssätze sind, da der Steuerabzug bei jeder Lohnzahlung vorzunehmen ist, die Auszahlung des Arbeitslohnes aber nicht jährlich, sondern in kürzeren Zeitabschnitten (täglich, wöchentlich, monatlich, vierteljährlich) erfolgt, nach diesen kleineren Zeitabschnitten bemessen und demgemäß in kleinere Beträge aufgeteilt worden. Die Beträge ergeben insgesamt für den Arbeitnehmer selbst 480 Mark (§ 46 Abs. 2 Nr. 1), 1080 Mark zur Abgeltung der nach § 13 Abs. 1 Nr. 1 bis 7 zulässigen Abzüge (§ 46 Abs. 2 Nr. 3), 480 Mark für die Ehefrau des Arbeitnehmers, sofern diese zu seiner Haushaltung zählt und 960 Mark für jedes minderjährige Kind des Arbeitnehmers, das zu seiner Haushaltung zählt, mit der Beschränkung auf minderjährige Kinder im Alter von nicht mehr als 17 Jahren, sofern sie eigenes Arbeitseinkommen beziehen (§ 46 Abs. 2 Nr. 3). Neu hinzugekommen ist gegenüber dem früheren Recht und dem Regierungsentwurf die Aufteilung der Beträge, um die sich der einzubehaltende Betrag von 10 vom Hundert des Arbeitslohns ermäßigt, auch auf Stunden. Diese Aufteilung ist notwendig geworden durch den Wegfall des Unterschiedes zwischen ständig beschäftigten und unständigen Arbeitnehmern. **Durch das Gesetz zur Aenderung des Einkommensteuergesetzes, dessen Vorschriften im Text durch Fettdruck ersichtlich gemacht sind, haben die Ermäßigungen für den Steuerpflichtigen und seine Ehefrau — je auf das Jahr umgerechnet — eine Erhöhung von je 240 Mark auf 480 Mark, für die Kinder von je 360 Mark auf je 960 Mark und die Ermäßigungen zur Abgeltung der nach § 13 Abs 1 Nr. 1 bis 7 zulässigen Abzüge von 540 auf 1080 Mark erfahren. Diese Ermäßigungssätze finden nach Art.** III

Abs. 1 des Abänderungsgesetzes bei jeder nach dem 31. Juli 1922 erfolgenden Lohnzahlung für einen nach dem 31. Juli 1922 fällig gewordenen Arbeitslohn Anwendung (s. auch §§ 7, 83b EStADB. und Erl. RFM. vom 17. Juli 1922 III E 11857, im Anhang abgedruckt).

11. Für die Person des Arbeitnehmers selbst bei jeder nach dem 31. Juli 1922 erfolgenden Lohnzahlung für einen nach diesem Zeitpunkt fällig gewordenen Arbeitslohn immer 480 Mark (§ 46 Abs. 2 Nr. 1) auf das Jahr umgerechnet (zu 300 Arbeitstagen, 50 Arbeitswochen, 12 Arbeitsmonaten). Dazu tritt ab 1. August 1922 noch die Ermäßigung von 1080 Mark jährlich zur Abgeltung der nach § 13 Abs. 1 Nr. 1 bis 7 EStG. zulässigen Abzüge (§ 46 Abs. 2 Nr. 3).

12. Die gleiche Ermäßigung von 480 Mark jährlich unter den unter 11 bezeichneten Voraussetzungen tritt ein für die zur Haushaltung des steuerpflichtigen Arbeitnehmers zählende Ehefrau. Das Gesetz über die Einkommensteuer vom Arbeitslohn hat hier gegenüber dem früheren Rechte (§ 45a) eine Änderung gebracht. Während nach dem früheren Recht — worauf der Klammerhinweis (§ 16) hinwies — eine Ermäßigung des Steuerabzuges für die Ehefrau nur unter den Voraussetzungen des § 16 stattfinden sollte, eine Ermäßigung des Steuerabzuges bei dem Ehemann für die Ehefrau nicht eintreten konnte, wenn die Ehefrau selber Arbeitseinkommen aus Beschäftigung in einem dem Ehemann fremden Betrieb bezog, hat nun eine Berücksichtigung der zur Haushaltung zählenden Ehefrau bei dem Steuerabzug des Ehemannes ohne Rücksicht darauf einzutreten, ob sie selbst Arbeitseinkommen bezieht oder nicht (Puender DStBl. 1921 S. 493, Strutz S. 277, Entwurfsbegründung S. 7, § 10 EStADB.). Voraussetzung für die Berücksichtigung der Ehefrau bei dem Steuerabzug des Ehemannes ist, daß die Ehefrau zur Haushaltung des Ehemannes zählt. Der Begriff der Haushaltung setzt das Vorhandensein eines Oberhauptes (Haushaltungsvorstandes), die Verbindung der Mitglieder mit dem Haushaltungsvorstand durch Blutsverwandtschaft, oder Schwägerschaft (Ausnahme für Stief-, Adoptiv- und Pflegekinder), eine einheitliche Wirtschaftsführung, regelmäßig eine gemeinschaftliche Wohnung und eine gewisse wirtschaftliche Abhängigkeit der Mitglieder vom Haushaltungsvorstand voraus (Kuhn, Das Einkommensteuergesetz S. 129, Strutz S. 157). Nicht dagegen ist erforderlich, daß die Ehefrau in der Haushaltung des Ehemannes lebt (als Voraussetzung für die Annahme des dauernden Getrenntlebens der Ehegatten im Sinne des § 14 des Besitzsteuergesetzes hat nach RFH. Entscheidung Bd. 8 S. 306 wie nach der Rechtsprechung des preußischen Oberverwaltungsgerichtes zu gelten: völliges Getrenntsein im ehelichen Leben, im Haushalt und in der Wirtschaftsführung, herbeigeführt in der erkennbaren Absicht, die Trennung für längere Dauer festzuhalten). Sind diese Voraussetzungen — Zählen der Ehefrau zur Haushaltung des Ehemannes — gegeben, so tritt eine Berücksichtigung der Ehefrau bei dem Steuerabzug des Ehemannes stets ein, außerdem hat, wenn die Ehefrau selbst Arbeitnehmerin ist, sie Anspruch auf Berücksichtigung der Ermäßigungen des § 46 Abs. 2 Nr. 1 und 3 auch bei dem Steuerabzug von ihrem Arbeitslohn, aber selbstverständlich nur für ihre Person, nicht auch für den Ehemann, es sei denn, daß sie auf Grund des § 47 Anspruch auf Berücksichtigung des Ehemannes auch bei ihrem Steuerabzug verlangen kann (§ 10 EStADB.).

13. Die bei den einzelnen Lohnzahlungen eintretenden Ermäßigungen sind darnach bemessen, ob die Zahlung des Arbeitslohns für volle Monate, Wochen, Arbeitstage oder für kürzere Zeiträume erfolgt. Für die Anwendung der Ermäßigungen ist demnach maßgebend, in welchen Zeiträumen oder für welche Zeiträume die Zahlung des Arbeitslohns erfolgt. Darunter ist nicht zu verstehen, daß der Arbeitslohn nach Stunden u. s. w. bemessen wird. Es kommt vielmehr darauf an, ob der Arbeitslohn nach Ablauf von Stunden u. s. w. ausgezahlt wird. Die Worte „Zahlung für" sind nicht gleichbedeutend „mit Berechnung nach". Wird z. B. ein Arbeitslohn nach Stunden berechnet, aber erst nach Ablauf der Woche ausgezahlt, so kommen die für die Auszahlung nach Wochen vorgesehenen Ermäßigungen zur Anwendung (Kuhn, Die Einkommensteuer vom Arbeitslohn S. 13, Erl. RFM. vom 21. März 1922 III E 4258).

14. Voraussetzung für die Anwendung der Monats-, Wochen- und Tagesermäßigungen ist ferner, daß es sich bei der Lohnzahlung um die Zahlung des Arbeitslohnes für volle Monate, Wochen oder Arbeitstage handelt. Dies setzt voraus, daß ein Arbeitnehmer während eines oder mehrere Monate, Wochen oder Arbeitstage dauernd und derart in Diensten des betreffenden Arbeitgebers gestanden hat, daß seine Arbeitskraft nach dem zwischen ihm und dem Arbeitgeber bestehenden Arbeitsverhältnis dem Arbeitgeber während dieser Zeit stets und vollständig zur Verfügung gestanden hat. Nicht notwendig ist dagegen, daß er während dieser Zeit auch tatsächlich gearbeitet hat und für die volle Zeit Lohn erhält. Bei einem Arbeitnehmer z. B., der im Wochenlohn steht, aber wegen Betriebseinschränkung nur 3 Tage in der Woche arbeitet und die übrigen 3 Tage feiern muß, greift die Anwendung der Wochenermäßigung Platz und nicht etwa werden die Ermäßigungen nur nach der Zahl der Tage, an denen tatsächlich gearbeitet und für die Lohn ausgezahlt wurde, berechnet (Erl. RFM. vom 31. Mai 1922 III E 6524, § 9 EStADB.).

15. Das Wort „je" bringt zum Ausdruck, daß die Ermäßigungen unter den bezeichneten Voraussetzungen zweimal, sowohl für den Ehemann als auch für die Ehefrau zur Anwendung kommen.

16. Die Ermäßigungen nach § 46 Abs. 2 Nr. 2 treten neben den nach § 46 Abs. 2 Nr. 1 vorzunehmenden Ermäßigungen ein für jedes zur Haushaltung des Steuerpflichtigen zählende minderjährige Kind im Sinne des § 17 Abs. 2, sofern es kein Arbeitseinkommen bezieht (§ 41 EStADB.) oder sofern es nicht mehr als 17 Jahre ist und Arbeitseinkommen bezieht. Voraussetzung ist, daß das Kind zur Haushaltung des Steuerpflichtigen zählt. Zur Haushaltung des Steuerpflichtigen zählen minderjährige Kinder, wenn sie bei einheitlicher Wirtschaftsführung unter Leitung des Arbeitnehmers dessen Wohnung teilen oder sich in wirtschaftlicher Abhängigkeit von dem Arbeitnehmer außerhalb dessen Wohnung mit seiner Einwilligung zum Zwecke der Erziehung oder des Unterrichtes (Lehre) aufhalten (Fuisting-Strutz 8. Aufl. S. 65, Aussch.Ber. S. 18, Sten.Ber. S. 4586 A, § 12 Abs. 2 EStADB.). Leben beide Ehegatten zusammen, so zählen die Kinder als zur Haushaltung des Ehemannes gehörig. In diesem Falle kann die Ehefrau in keinem Falle als Haushaltungsvorstand angesehen werden, bei der Ehefrau können in diesem Falle die Kinder nicht berücksichtigt werden, es sei denn, daß auf Grund des § 47 eine solche Berücksichtigung von dem Finanzamt zugelassen wird (§ 12 Abs. 2 EStADB.). Ist der Ehemann gestorben, so kann bei der Ehefrau die Ermäßigung für die minderjährigen Kinder eintreten, wenn sie zur Haushaltung der Ehefrau zählen. Das Gleiche gilt, wenn bei getrennter Haushaltung der Ehegatten die minderjährigen Kinder zur Haushaltung der Ehefrau zählen (§ 12 Abs. 3 EStADB.). Als Kinder im Sinne des § 17 Abs. 2 gelten neben den Abkömmlingen des

Haushaltungsvorstandes auch Stief-, Schwieger-, Adoptiv- und Pflegekinder sowie deren Abkömmlinge (§ 12 Abs. 1 EStADB.). Für Kinder, die das 17. Lebensjahr vollendet haben (Stichtag § 46 Abs. 3) und Arbeitseinkommen beziehen, treten keine Ermäßigungen des Steuerabzuges bei dem Haushaltungsvorstand ein. Dagegen werden die zur Haushaltung des steuerpflichtigen Haushaltungsvorstandes zählenden minderjährigen Kinder im Alter von nicht mehr als 17 Jahren selbst dann berücksichtigt, wenn sie Arbeitslohn beziehen. Daneben haben diese Kinder, die wie alle Kinder mit eigenem Arbeitslohn mit diesem dem Steuerabzug unterliegen, Anspruch auf Ermäßigung des von ihrem Arbeitslohn einzubehaltenden Betrages von 10 vom Hundert um die Beträge des § 46 Abs. 2 Nr. 1 und 3 (§ 7 Abs. 5 und 11 EStADB.).

Für das zur Haushaltung der Mutter zählende minderjährige uneheliche Kind hat diese Anspruch auf Ermäßigung des von ihrem Arbeitslohn einzubehaltenden Betrages von 10 vom Hundert um den Betrag von 960 Mark jährlich (§ 46 Abs. 2 Nr. 2). Eine Berücksichtigung des unehelichen Kindes bei dem Steuerabzug vom Arbeitslohn des Kindesvaters kann nicht Platz greifen. Der Begriff des Angehörigen im Sinne des § 47 setzt ein Verwandtschaftsverhältnis zu dem Steuerpflichtigen voraus, ein solches besteht jedoch nach der Bestimmung des § 1589 Abs. 2 BGB. zwischen dem unehelichen Kinde und dessen Vater nicht (Erl. RFM. vom 3. Januar 1922 III 31 200).

Kinder sind, solange sie dem elterlichen Haushalt angehören, und von den Eltern erzogen und unterhalten werden, verpflichtet, in einer ihren Kräften und ihrer Lebensstellung entsprechenden Weise den Eltern in ihrem Hauswesen und Geschäft Dienste zu leisten (§ 1617 BGB.). In diesem Falle erhält das Kind den Unterhalt (Verpflegung, Unterkunft, Kleidung und Taschengeld) in seiner Eigenschaft als Kind, nicht aber als Entschädigung für Dienstleistung auf Grund eines Beschäftigungs- oder Anstellungsverhältnisses. Wenn aber ein Kind im Hauswesen oder Geschäft seiner Eltern auf Grund eines Dienstvertrages tätig ist, so ist es nicht mehr als Kind auf Grund eines familienrechtlichen Verhältnisses, sondern auf Grund des Dienstvertrages als Arbeitnehmer der Eltern tätig und die ihm dafür gewährte Vergütung (Barlohn und freie Station) bildet steuerbares Einkommen des Kindes und unterliegt dem Steuerabzug (Erl. RFM. vom 26. Mai 1922 III 8744, vgl. auch Fuisting-Strutz, 8. Aufl. S. 417 ff.).

17. Zusammenfassend wird bemerkt:

Der einzubehaltende Betrag von 10 vom Hundert des Arbeitslohnes ermäßigt sich:

a) für den Steuerpflichtigen selbst ab 1. August 1922 um 40 Mark monatlich,

b) für seine zu seiner Haushaltung zählende Ehefrau, gleichviel, ob sie selbst Arbeitseinkommen bezieht oder nicht, um 40 Mark monatlich. Bezieht die Ehefrau selbst Arbeitslohn, so ermäßigt sich außerdem der von ihrem Arbeitslohn einzubehaltende Betrag von 10 vom Hundert um die Beträge des § 46 Abs. 2 Nr. 1 und 3,

c) für die zur Haushaltung des Steuerpflichtigen zählenden minderjährigen Kinder um je 80 Mark monatlich, soweit sie

1. kein eigenes Arbeitseinkommen beziehen,

2. eigenes Arbeitseinkommen beziehen, aber nicht älter als 17 Jahre sind. In diesem Falle — Beziehen eines eigenen Arbeitslohnes — ermäßigt sich außerdem der von dem Arbeitslohn des Kindes einzubehaltende Betrag von 10 vom Hundert um die Beträge des § 46 Abs. 2 Nr. 1 und 3,

d) minderjährige Kinder im Alter von mehr als 17 Jahren und mit eigenem Arbeitseinkommen werden bei dem Haushaltungsvorstand nicht berücksichtigt, der von dem Arbeitslohn der Kinder einzubehaltende Betrag von 10 vom Hundert ermäßigt sich um die Beträge des § 46 Abs. 2 Nr. 1 und 3,

e) volljährige Kinder mit eigenem Arbeitseinkommen werden bei dem Haushaltungsvorstand in keinem Falle berücksichtigt,

f) hinsichtlich volljähriger Kinder ohne eigenes Arbeitseinkommen, die mittellos, erwerbsunfähig sind, kann gegebenenfalls Berücksichtigung nach § 47 eintreten,

g) eine doppelte Berücksichtigung der Kinder, sowohl bei dem Steuerabzug des steuerpflichtigen Haushaltungsvorstandes als auch bei dem der selbst in einem Arbeitsverhältnis stehenden Ehefrau ist ausgeschlossen. Die Berücksichtigung tritt immer nur bei dem steuerpflichtigen Haushaltungsvorstand ein.

18. Findet eine Veranlagung nach allgemeinen Gesichtspunkten statt, so dürfen vom Gesamtbetrage der Roheinkünfte die im § 13 des Einkommensteuergesetzes bezeichneten Beträge abgezogen werden. Die nachfolgende Aufzählung soll sich beschränken auf die im § 13 bezeichneten Beträge, die für Arbeitnehmer in der Hauptsache in Betracht kommen. Es sind dies

1. die zur Erwerbung, Sicherung und Erhaltung der Einkünfte gemachten Aufwendungen (Werbungskosten § 13 Abs. 1 Nr. 1). Dazu gehören z. B.:

a) notwendige Ausgaben, die dem Steuerpflichtigen durch Fahrten zwischen Wohnung und Arbeitsstätte erwachsen sind,

b) Mehraufwendungen für den Haushalt, die durch eine Erwerbstätigkeit der Ehefrau notwendig geworden sind (Sten. Ber. S. 4548 C und D, 4608 A),

c) die durch doppelten Haushalt der Wanderarbeiter entstandenen Ausgaben (Erl. RFM. vom 4. Mai 1920 III 9856),

d) notwendige Ausgaben für Arbeitskleidung, soweit nach der Art der Beschäftigung ein besonderer Mehraufwand für Berufskleidung gegeben ist (Ber. S. 12); damit ist nur der Mehraufwand für Arbeitskleidung über den normalen Bedarf hinaus als abzugsfähig anerkannt, Ausgaben für gewöhnliche Kleidung dürfen nicht in Abzug gebracht werden (Erl. RFM. vom 19. Mai 1921 III 14 781),

e) Ausgaben für Beschaffung und Abnutzung der von den Arbeitern gestellten Arbeitsgeräte (Erl. RFM. vom 27. April 1921 III 10 041 und 18. März 1922 III E 30 828).

2. Beiträge, die der Steuerpflichtige für sich und seine nicht selbständig veranlagten Haushaltungsangehörigen zu Kranken-, Unfall-, Haftpflicht-, Angestellten-, Invaliden- und Erwerbslosenversicherungs-, Witwen-, Waisen- und Pensionskassen gezahlt hat, soweit sich der Gegenstand der Versicherung auf die bezeichneten Gefahren beschränkt (Abs. 1 Nr. 3).

3. Beiträge zu Sterbekassen bis zu einem Jahresbetrage von insgesamt eintausend Mark (Abs. 1 Nr. 4).

4. Versicherungsprämien, welche für Versicherungen des Steuerpflichtigen oder eines seiner nicht selbständig veranlagten Haushaltungsangehörigen auf den Todes- oder Lebensfall gezahlt werden, soweit sie den Betrag von achttausend Mark jährlich nicht übersteigen (Abs. 1 Nr. 5).

5. Beiträge zu den öffentlich-rechtlichen Berufs- oder Wirtschaftsvertretungen sowie zu Berufsverbänden ohne öffentlich-rechtlichen Charakter, deren Zweck nicht auf einen wirtschaftlichen Geschäftsbetrieb gerichtet ist. Abs. 1 Nr. 6 (Arbeiter- und Angestellten-Organisationen, Beamten-, Richter-, Ingenieurvereine, die freien Gewerkschaften, Gewerkvereine, ähnliche Organisationen der Arbeiter).

Die vorstehend unter Ziffer 1 bis 5 genannten Beträge sowie die übrigen im § 13 genannten Beträge sind jedoch nicht in allen Fällen abzugsfähig. Ist nämlich die Steuerpflicht nur nach § 2 Nr. II begründet, so ist der Abzug der in Abs. 1 Nr. 3 bis 5 a und 7 EStG. überhaupt nicht, der der übrigen im Abs. 1 des § 13 genannten Aufwendungen nur insoweit statthaft, als sie mit dem steuerbaren Einkommen im wirtschaftlichen Zusammenhange stehen (§ 13 Abs. 2). Die Steuerpflicht nach § 2 Nr. II (beschränkte Steuerpflicht) ist, soweit der Kreis der dem Gesetz über die Einkommensteuer vom Arbeitslohn unterworfenen Personen in Betracht kommt, gegeben bei allen natürlichen Personen ohne Rücksicht auf Staatsangehörigkeit, Wohnsitz oder Aufenthalt

1. mit ihrem Einkommen aus einer im Inland ausgeübten Erwerbstätigkeit, soweit das Gesetz über die Einkommensteuer vom Arbeitslohn in Betracht kommt, nur insoweit, als ein Anstellungs- oder Beschäftigungsverhältnis vorliegt,

2. mit solchen regelmäßig wiederkehrenden Bezügen oder Unterstützungen, die aus inländischen öffentlichen Kassen mit Rücksicht auf eine gegenwärtige oder frühere Dienstleistung oder Berufstätigkeit gewährt werden.

Die unter § 13 Abs. 1 Nr. 3 bis 5 a und 7 genannten Ausgaben sind an sich rein persönlicher Natur und sind daher bei beschränkter Steuerpflicht nicht abzugsfähig. Die übrigen im § 13 genannten Ausgaben sind nur abzugsfähig, soweit sie in wirtschaftlichem Zusammenhang mit dem steuerbaren Einkommen stehen. Sollen also bei beschränkter Steuerpflicht Ausgaben dieser Art abzugsfähig sein, so müssen sie in ursächlichem Zusammenhang mit dem steuerbaren Einkommen stehen. Auf den rechtlichen Zusammenhang kommt es dabei nicht an. Sie müssen aufgewendet sein, um überhaupt das steuerbare Einkommen zu ermöglichen. Werbungskosten werden daher bei beschränkter Steuerpflicht regelmäßig nur insoweit abzugsfähig sein, als sie unmittelbar zur Erzielung des steuerbaren Einkommens aufgewendet wurden (Kuhn S. 115/116).

Nach dem früheren Rechte (§ 2 Abs. 3 der vorläufigen Bestimmungen vom 28. Juli 1920 konnten die Beiträge zur Kranken-, Unfall-, Haftpflicht-, Angestellten-, Invaliden- und Erwerbslosenversicherung, Witwen-, Waisen- und Pensionskassen, sowie Beiträge zu öffentlich-rechtlichen Berufs- oder Wirtschaftsvertretungen vom Arbeitslohn abgesetzt werden, soweit sie vom Arbeitgeber entrichtet und zu Lasten des Arbeitnehmers verrechnet wurden. Abgesehen von diesen Beiträgen und den bei dem Steuerabzug zu berücksichtigenden Durchschnittssätzen für Werbungskosten waren Abzüge vom Arbeitslohn nicht zulässig. Zur Zulassung weiterer Abzüge der im § 13 genannten Art lag auch kein Bedürfnis vor, da für den Steuerpflichtigen die Möglichkeit bestand, die Beträge, auf deren Abzug als Werbungskosten er Anspruch zu haben glaubt, bei der Abgabe der Einkommensteuererklärung abzusetzen. Nachdem jedoch nunmehr bei der Mehrzahl der Lohn- und Gehaltsempfänger die Veranlagung wegfällt und die Steuer durch den ordnungsmäßig bewirkten Steuerabzug und die vorschriftsmäßige Abführung der einbehaltenen Beträge bis zu einem Arbeitslohn von 100 000 Mark als getilgt gilt, mußte für das Gesetz über die Einkommensteuer vom Arbeitslohn ein anderer Weg gesucht werden, um die Abzüge der im § 13 genannten Art schon bei dem Steuerabzug zur Berücksichtigung bringen zu können, da andernfalls — im Falle der Nichtberücksichtigung — eine Veranlagung nachfolgen müßte, um den Steuerpflichtigen Gelegenheit zu geben, diese Abzüge vom Gesamtbetrag der Roheinkünfte geltend zu machen. Es ist deshalb ein Weg der Vereinfachung gesucht worden, und die Frage in der Weise gelöst worden, daß die Abzüge nach § 13 durch einen allgemein gültigen Pauschsatz von der Einkommensteuer abgegolten werden. Dieser Betrag war im Gesetze vom 11. Juli 1921 auf 180 Mark jährlich (d. h. 10 vom Hundert von 1800 Mark) festgesetzt worden, hat durch die Novelle vom 20. Dezember 1921 eine Erhöhung auf das Dreifache, d. h. 540 Mark jährlich (d. h. 10 vom Hundert von 5400 Mark) erfahren und ist neuerdings durch das Gesetz vom 20. Juli 1922 auf 1080 Mark jährlich (d. h. 10 vom Hundert von 10 800 Mark) verdoppelt worden. Diese Ermäßigungen des § 46 Abs. 2 Nr. 3 treten ein auch wenn feststeht, daß die nach § 13 Abs. 1 Nr. 1 bis 7 zulässigen Abzüge geringer sind. Über die Behandlung, wenn diese Abzüge höher sind, s. Anm. 19. Diese Abgeltung der Abzüge nach § 46 Abs. 2 Nr. 3 hat zunächst nur Bedeutung für den Steuerabzug, doch gelten die gesamten nach § 13 Abs. 1 Nr. 1 bis 7 zulässigen Abzüge mit dieser Ermäßigung in den Fällen als abgegolten, in denen eine Veranlagung des steuerbaren Einkommens nicht mehr erfolgt (§ 48 Abs. 1). Erfolgt nach §§ 48 oder 49 eine Veranlagung des gesamten steuerbaren Einkommens, so sind die nach § 13 Abs. 1 Nr. 1 bis 7 zulässigen Abzüge in ihrer tatsächlichen Höhe zu berücksichtigen. Es werden jedoch für die Abzüge nach § 13 Abs. 1 Nr. 1 bis 7 bei zu veranlagenden Lohn- und Gehaltsempfängern Durchschnittssätze derart festgesetzt werden können, daß Abzüge, soweit sie den Durchschnittssatz nicht übersteigen, ohne Nachweis anerkannt werden, sofern nicht besondere Umstände vorliegen, welche eine Beanstandung rechtfertigen (Erl. RFM. vom 4. Januar 1922 III 84, 2. März und 31. März 1922 III 3642 und 4922).

19. Eine besondere Behandlung müssen die Fälle erfahren, in denen der Steuerpflichtige nachweist, daß die ihm zustehenden Abzüge im Sinne des § 13 Abs. 1 Nr. 1 bis 7 den Betrag von 10 800 Mark um mindestens 1200 Mark übersteigen. In diesem Falle soll auf Antrag, über den das Finanzamt zu entscheiden hat, eine Erhöhung dieser Beträge zugelassen werden. Lehnt das Finanzamt, in dessen Bezirk der Arbeitnehmer seinen Wohnsitz oder gewöhnlichen Aufenthalt hat, den Antrag ab, so ist gegen die Ablehnung die Beschwerde an das Landesfinanzamt zulässig, das endgültig entscheidet (§ 52a EStG.; §§ 224, 281, 282 AO.). Das Finanzamt soll die zulässige Ermäßigung in der Weise berechnen, daß es die Abzüge nach § 13 Abs. 1 Nr. 1 bis 7 bei freier Beweiswürdigung mit ihrem wahrscheinlichen Betrage für das betreffende Kalenderjahr veranschlagt und hiervon 10 vom Hundert nimmt (Ber. S. 3). Die Erhöhung des Pauschsatzes soll nicht unbedingt von der Erbringung ziffernmäßiger schriftlicher Nachweise abhängig gemacht, sondern soll nach den Grundsätzen freier Beweiswürdigung festgesetzt werden (Erl. RFM. vom 31. Januar 1922 III 880). Es soll jedoch nach dieser Bestimmung nicht jede auch nur geringe Überschreitung, die über den Satz von 10 800 Mark hinausgeht, berücksichtigt werden, sondern nur eine Überschreitung von mindestens 1200 Mark beachtlich sein. Selbstverständlich ist neben der Zulassung der höheren Ermäßigung nicht eine nochmalige Freilassung des Betrages von 10 800 Mark jährlich zulässig. Über die Frist zur Stellung des Antrages s. § 34 EStADB.

20. Hat ein Steuerpflichtiger neben dem Arbeitslohn noch sonstiges Einkommen, mit dem er nach § 48 Abs. 2 veranlagt wird, so sollen die nach § 13 zulässigen Abzüge bei dieser Veranlagung nur insoweit berücksichtigt werden, als sie in wirtschaftlichem Zusammenhange mit diesem Einkommen stehen, übersteigen diese Abzüge das sonstige Einkommen, so gelten sie mit diesem überschießenden Betrage regelmäßig als durch die Ermäßigung nach § 46 Abs. 2 Nr. 3 abgegolten.

21. Schon nach dem bisherigen Recht war für den Familienstand ein Stichtag maßgebend (§ 1 Abs. 6 S. 2 vorl. Best. vom 28. Juli 1920, Erl. RFM. vom 25. April 1921 und Bekanntmachung vom 30. März 1921 III 8651). Hierfür war u. a. maßgebend die Erwägung, die dem Arbeitgeber durch die Feststellung des jeweiligen Familienstandes erforderliche Mehrarbeit zu ersparen. Mit dem Inkrafttreten des Gesetzes über die Einkommensteuer vom Arbeitslohn ist für die Bemessung der Ermäßigungen, die in einem Kalenderjahr nach dem Familienstande zu bewilligen sind, der Stand am 1. Oktober des diesem Kalenderjahr vorangegangenen Jahres maßgebend. Für die Wahl des Stichtags gerade zum 1. Oktober des vorangegangenen Jahres war ausschlaggebend, daß die Personenstandsaufnahme nach § 17 EStAB. nach dem Stande am 1. Oktober zu erfolgen hat. Der Reichsminister der Finanzen kann einen anderen Stichtag bestimmen, er hat dies für das Jahr 1922 getan insofern als er den Tag der Personenstandsaufnahme 1921 — den 20. Oktober 1921 — als den Tag erklärt hat, der für die Bemessung der Ermäßigungen, die in dem Kalenderjahr 1922 nach dem Familienstand zu bewilligen sind, maßgebend ist. Ebenso wird für die Bemessung der Ermäßigungen, die in dem Kalenderjahr 1923 nach dem Familienstande zu bewilligen sind, der Stand an dem für die Personenstandsaufnahme 1922 bestimmten Tage — dem 10. Oktober 1922 — maßgebend sein (§ 21 Abs. 2 EStADB.). Die Gemeindebehörde vermerkt den Familienstand, sowie die Höhe der Ermäßigungen auf der Vorderseite des Steuerbuches. Daraus kann der Arbeitgeber, dem das Steuerbuch zu Beginn des Kalenderjahres oder bei erstmaligen Eintritt in ein Arbeitsverhältnis vorgelegt wird, alles Erforderliche entnehmen, ohne seinerseits noch weitere Feststellungen treffen zu müssen. Die auf dem Steuerbuch vermerkte Jahresgesamtermäßigung, die sich nach dem Familienstande bemißt, ist für den Arbeitgeber bindend, er ist nicht berechtigt, hiervon abzuweichen (§ 37 EStADB.)., s. jedoch für das Kalenderjahr 1922 § 83 b EStADB.). Nach dem Stichtage eintretende Änderungen werden nicht berücksichtigt, Ausnahme § 50 Abs. 2. Der Stichtag ist nur für den Steuerabzug maßgebend, nicht auch für die Veranlagung, soweit eine solche beantragt oder durchzuführen ist.

22. Die Begründung führt dazu aus: „In den bisher erwähnten Fällen (d. h. in den Fällen des § 46 Abs. 2 Nr. 1 mit 3) werden stets weniger als 10 vom Hundert des Arbeitslohnes abgezogen. Nur im Falle des § 46 Abs. 4 tritt Abzug der vollen 10 vom Hundert ein. Vielfach ist es üblich, dem Arbeitnehmer neben dem laufenden Gehalt noch einmalige Bezüge (Gratifikationen, Tantiemen und dgl.) zu gewähren. Auch diese unterliegen der Kürzung. Wenn nun aber dieser Steuerbetrag sich wieder um die Beträge des § 46 Abs. 2 Nr. 1 mit 3 ermäßigt, so würde eine ungerechtfertigte Bevorzugung eines solchen Arbeitnehmers eintreten. Bezieht z. B. ein Junggeselle ein Gehalt von monatlich 3000 Mark und bekommt er außerdem am Schlusse des Jahres noch eine Gratifikation von 10 000

Mark, so könnte der Gedanke entstehen, daß die Steuer auf diese 10 000 Mark, da sie für ein Jahr gezahlt wurden, um 480 + 1080 Mark (künftighin) zu ermäßigen ist. Diese 1560 Mark sind aber bereits bei der Steuer auf die laufenden Bezüge von 36 000 Mark berücksichtigt worden. Von den 10 000 Mark sind daher 10 vom Hundert in voller Höhe einzubehalten."

23. Während nach dem Entwurfe des Gesetzes über die Einkommensteuer vom Arbeitslohn die Dienstaufwandsentschädigung dem Steuerabzug unterworfen werden sollte, ist durch den Ausschuß die Bestimmung des § 46 Abs. 5 eingefügt worden, nach der Dienstaufwandsentschädigungen im Sinne des § 34 Abs. 1 bis 3 bei Festsetzung des vom Arbeitslohn einzubehaltenden Betrages außer Ansatz zu bleiben haben. Ein weitergehender Antrag (Nr. 91), wonach Entschädigungen nach § 34 Abs. 1 bis 3 nicht zum Arbeitslohn gehören sollten, ist dabei abgelehnt worden. Wenn auch der von der Reichsregierung vorgeschlagene Weg hiermit nicht als gangbar bezeichnet worden ist, so ist doch bei den Beratungen des Ausschusses das Bestreben der Regierung als vollkommen berechtigt anerkannt worden, dem Mißbrauch zu begegnen, der mit der Bezeichnung Dienstaufwand in weitem Umfange in den letzten Jahren getrieben worden ist. Deshalb ist von dem Steuerausschuß des Reichstags jedes Mittel zur steuerlichen Erfassung des in verschleiernder Form von Dienstaufwandsentschädigungen gewährten Arbeitslohns ausdrücklich gutgeheißen worden.

Hinsichtlich der steuerlichen Behandlung der Dienstaufwandsentschädigungen (§ 5 EStADB.) kommen 3 Fälle in Betracht:

a) Nach § 34 Abs. 1 EStG. bleibt bei Ermittlung des steuerbaren Einkommens der Reichs-, Staats- und Gemeindebeamten, Geistlichen, Kirchenbeamten, Lehrer an öffentlichen Unterrichtsanstalten und Militärpersonen die zur Bestreitung des Dienstaufwandes gewährte Entschädigung oder der hierzu nach ausdrücklicher Anordnung bestimmte Teil des Gehalts oder einer etwaigen Zulage außer Ansatz (s. auch OVG. Bd. 12 S. 178 ff.). Der Betrag muß durch Gesetz, Statut oder Anordnung der den Bezug bewilligenden oder vorgesetzten Behörde zur Bestreitung des Dienstaufwandes gewährt werden. Die Bezeichnung eines Bezuges als Dienstaufwandsentschädigung genügt noch nicht, um diesen Betrag steuerfrei zu stellen. Die bewilligende Stelle muß vielmehr nach ihrer pflichtmäßigen Überzeugung diese Bezüge ausschließlich zu dem Zweck bestimmt haben, einen dem Beamten durch die Ausübung seines Dienstes wirklich entstehenden, über den gewöhnlichen Aufwand hinausgehenden besonderen Dienstaufwand auszugleichen. Es ist demnach Voraussetzung, daß es sich um wirkliche Dienstaufwandsentschädigungen, d. h. um Entschädigungen zur Bestreitung des durch den Dienst oder Auftrag veranlaßten Aufwandes handelt, und daß die Entschädigungen nicht gleichzeitig eine Vergütung für eine Arbeitsleistung enthalten, wobei von der Annahme ausgegangen ist, daß die öffentlichen Körperschaften Aufwandsentschädigungen, Tagegelder und Reisekosten nicht zum Zwecke der Steuerkürzung, sondern nur in dem Umfange bewilligen, in dem sie zur Bestreitung des Dienstaufwandes tatsächlich nötig sind, und daß dadurch Ersparnisse, die zum steuerbaren Einkommen zu rechnen wären, nicht erzielt werden können (Begründung zum Regierungsentwurf des Einkommensteuergesetzes). Unter diesen Voraussetzungen erübrigt sich bei Beamten, denen eine Entschädigung dieser Art gewährt wird, oder bei denen ein Teil des Gehalts oder eine etwaige Zulage hierzu durch ausdrückliche Anordnung bestimmt ist, die Prüfung der Frage, ob und welche Abzüge für den Dienstaufwand zuzulassen sind. Es ist vielmehr bei solchen Beamten die gewährte Dienstaufwandsentschädigung oder der hierzu ausdrücklich bestimmte Gehalts- oder Zulagenteil ohne weiteres, d. h. ohne Prüfung, ob dieser Teil auch wirklich zu Dienstaufwandszwecken verbraucht worden ist, von dem Gesamtbetrag der Einkünfte abzuziehen. Nur wenn der Beamte Werbungskosten geltend macht, die über den Betrag der Dienstaufwandsentschädigung oder des zu diesen Zwecken bestimmten Gehalts- oder Zulagenteils hinausgehen oder für deren Bestreitung dieser Betrag nicht bestimmt ist, hat eine Prüfung der Zulässigkeit und der Höhe der geltend gemachten Abzüge zu erfolgen. Wenn deren Zulässigkeit auf Grund der allgemeinen Bestimmung des § 13 bejaht wird, dann sind sie auch insoweit abzugsfähig, als sie den Betrag der gewährten Dienstaufwandsentschädigung oder des hierzu ausdrücklich bestimmten Gehalts- oder Zulagenteils übersteigen und tatsächlich zur Bestreitung besonderer nicht durch die Dienstaufwandsentschädigung getroffener dienstlicher Unkosten aufgewendet worden sind (Erl. RFM. vom 11. Mai 1921 III 4637, 21. Juni 1921 III 13 845, 10. Juni 1921 III 8576, bezüglich der Kirchenbeamten Erl. RFM. vom 1. Mai 1922 III 4976). Diese Dienstaufwandsentschädigungen unterliegen weder dem Steuerabzug noch der Einkommensteuer.

b) Nach § 34 Abs. 2 EStG. bleiben die aus öffentlichen Kassen gewährten Aufwandsentschädigungen, Tagegelder und Reisekosten gleichfalls außer Berechnung. Hierzu gehören z. B. die Entschädigungen an die Mitglieder gesetzgebender Körperschaften, an ehrenamtlich beschäftigte Personen, an Zeugen, Sachverständige u. s. w., soweit es sich dabei tatsächlich um Aufwandsentschädigungen, Tagegelder und Reisekosten, nicht aber um Entschädigungen für entgangenen Verdienst handelt, die aus öffentlichen Kassen gewährt werden (Aussch.Ber. EStG. S. 46). Diese — echten — Aufwandsentschädigungen, Tagegelder und Reisekosten unterliegen nicht dem Steuerabzug und nicht der Einkommensteuer.

Im einzelnen gelten als Dienstaufwandsentschädigung u. a.:

a) die Gewährung von Dienstbekleidung und Kleiderabnutzungsentschädigung an die Mitglieder der staatlichen Schutzpolizei (Erl. RFM. vom 17. Juni 1921 III 13 244);

b) das nach § 19 des Tarifvertrages A vom 17. Juni 1921 den im Lokomotiv- und Zugbegleitdienste dauernd oder vorübergehend beschäftigten Angestellten für die tatsächlich im Fahrdienst geleistete Tätigkeit gewährte Stundengeld von 50 Pfennig für die Stunde und das den genannten Personen für eine infolge des Dienstes erforderlich werdende Übernachtung außerhalb des Dienstheimatsortes gewährte Nachtgeld von 4 bzw. 15 Mark (Erl. RFM. vom 28. Januar 1922 III 37 694);

c) Die Nachtdienstzulagen des staatlichen Zollpersonals und die Vergütungen nach § 19 Abs. 2 und 3 der Zollgebührenordnung vom 28. Juni 1905 (Zentralblatt für das Deutsche Reich S. 170). Dagegen stellen die nach §§ 18, 19 Abs. 1 a. a. O. gezahlten Vergütungen für außergewöhnliche Dienstleistungen Arbeitslohn dar (Erl. RFM. vom 17. Februar 1922 III B 6585);

d) das Stundengeld, der Zuschlag zu diesem und das Entgelt für die Ruhezeit außerhalb der Heimat, das für das Personal des Zugdienstes bei der deutschen Reichsbahn nach der Dienstvorschrift über die Aufwandsentschädigung des Zugpersonals bei den deutschen Reichsbahnen vom 30. Juni 1921 (Reichsverkehrsblatt 1921 S. 294 ff.) gewährt wird. Das Gleiche gilt von den gleichartigen Bezügen der Schiffsbeamten und des Fährschiffspersonals der Bodenseedampfschiffahrt und anderer staatlicher Fährbetriebe. Dagegen stellen die bis zum 1. Juli 1921 gezahlten Stoffersparnisprämien und die Vergütungen an die Schmierer für das Schmieren der Wagen im Betrage von 25 Pfennig pro Kopf und Arbeitstag, Arbeitslohn dar (Erl. RFM. vom 27. Febr. 1922 III 37 103 und 26. April 1922 III 5640);

e) die durch Erlaß des Reichsverkehrsministers vom 10. Mai 1921 E II 23. 4068 im Bereiche der Reichseisenbahnverwaltung Beamten und sonstigen Bediensteten, die nicht nach dem Lohntarifvertrag für die Arbeiter der Reichseisenbahnverwaltung oder nach den in dessen § 1 Ziffer 3 vorgehaltenen besonderen Vereinbarungen entlohnt werden, als Entschädigung der Ernährung im Nachtdienst widerruflich gewährten, bis auf weiteres einheitlich auf 0,50 Mark für die Stunde festgesetzten Nachtdienstzulagen (Reichsverkehrsblatt vom 17. Mai 1921 S. 216/17, Erl. RFM. vom 4. April 1922 III 4982);

f) die auf Grund des Gesetzes vom 21. Mai 1920 (Reichs-Gesetzbl. S. 1061) an versetzte Beamte gewährte Entschädigung für Führung eines doppelten Haushalts (Erl. RFM. vom 11. April 1922 III 4102).

c) Nach § 34 Abs. 3 sind bei Ermittlung des steuerbaren Einkommens der in privaten Dienst- oder Auftragsverhältnissen stehenden Personen die Entschädigungen, welche nach ausdrücklicher Vereinbarung zur Bestreitung des durch den Dienst oder Auftrag veranlaßten Aufwandes gewährt werden, insoweit außer Ansatz zu lassen, als ihr Betrag den erforderlichen Aufwand nicht übersteigt. Soweit ihr Betrag den erforderlichen Aufwand übersteigt, stellen sie keine Aufwandsentschädigung, sondern Arbeitslohn dar und unterliegen dem Steuerabzug (§ 5 Abs. 3 EStADB.). Als erforderlicher Aufwand im Sinne des § 34 Abs. 3 wird nur der Teil der Aufwandsentschädigung angesehen werden können, der tatsächlich in dem für die Veranlagung maßgebenden Kalenderjahr notwendig geworden und demgemäß auch tatsächlich in diesem Jahre aufgewendet worden ist (Erl. RFM. vom 19. Mai 1921 III 14 781). Wie schon die Stellung der Bestimmung in dem die Steuerabzugsvorschriften enthaltenden § 46 beweist, ist damit lediglich die Außeransatzlassung der — echten — Dienstaufwandsentschädigungen für den Steuerabzug gemeint, wogegen natürlich in keiner Weise die Prüfung der Finanzbehörden darüber, ob die Aufwandsentschädigungen wirkliche Entschädigungen für den durch den Dienst oder Auftrag veranlaßten erforderlichen Aufwand sind, oder ob in ihnen daneben Vergütungen für Arbeitsleistungen enthalten sind, berührt werden sollte. Die Veranlagungsbehörden haben daher immer noch zu prüfen, inwieweit der Betrag der vereinbarten Aufwandsentschädigung den erforderlichen Aufwand übersteigt und inwieweit daher ein Teil dieser Entschädigung steuerbares Einkommen bildet. Soweit sich bei dieser Prüfung ergibt, daß der abzugsfrei gelassene Betrag den erforderlichen Aufwand übersteigt, hat im Rahmen des § 48 EStG. Veranlagung zu erfolgen. Der Arbeitgeber hat von dem den erforderlichen Aufwand übersteigenden Betrag der vereinbarten Aufwandsentschädigung — insoweit handelt es sich um eine unechte Aufwandsentschädigung — den Steuerabzug vorzunehmen. Unterläßt er dies, so macht er sich haftbar (§ 52) und strafbar (§ 53 a). Bei Zweifeln bietet ihm § 52 a den Weg, die Entscheidung des Finanzamtes anzurufen.

Die Prüfung, inwieweit der Betrag der vereinbarten Aufwandsentschädigung nach § 34 Abs. 3 den erforderlichen Aufwand übersteigt und inwieweit daher ein Teil dieser Entschädigung steuerbares Einkommen bildet, ist bei der Veranlagung für das Rechnungsjahr 1920 durch die auf Grund des § 40 EStG. seitens des Arbeitgebers einzureichende Lohn- und Gehaltsliste (Muster 14 EStADB.) und die in derselben (Spalte 12 a. a. O.) geforderte Angabe der Aufwandsentschädigung ermöglicht worden. Nachdem im Interesse der Arbeitgeber auf eine allgemeine Einreihung von Lohnlisten (Erl. RFM. vom 22. November 1921 III 36 120) verzichtet worden ist, wird diese Prüfung nur möglich sein, wenn die Aufwandsentschädigung in den Einlagebogen des Steuerbuches und in den Steuerüberweisungsblättern den Finanzämtern mitgeteilt wird. Diese treten insoweit an Stelle der Lohnlisten, die gemäß § 40 EStG. eingefordert werden können.

Enthält die Vergütung für die Arbeitsleistung zugleich eine Entschädigung für den durch die Arbeitsleistung veranlaßten Aufwand, ohne daß eine ausdrückliche Vereinbarung zwischen Arbeitgeber und Arbeitnehmer darüber vorliegt, daß ein Teil oder welcher Teil der Vergütung als Aufwandsentschädigung anzusehen ist, so unterliegt die volle Vergütung dem Steuerabzug. Die Kosten des Aufwandes bilden Werbungskosten, die durch den Pauschsatz von 1080 Mark nach § 46 Abs. 2 Nr. 3 beim Steuerabzug abgegolten werden (Erl. RFM. vom 1. Mai 1922 III 6138 über die Nachtdienstzulagen bei privaten Arbeitnehmern).

24. § 13 EStADB. Erhalten Arbeitnehmer ihre Entlohnung nach den Richtlinien für Stücklohnarbeit, wird ihnen wöchentlich als Abschlagszahlung nur der Grundlohn (tarifmäßiger Stundenlohn) ausgezahlt, der ihnen unabhängig von ihrer tatsächlichen Stücklohnleistung gewährt wird und erfolgt die Abrechnung über den Stücklohn und die Auszahlung des Stücklohnüberschusses erst nach der Fertigstellung der Stücklohnarbeit, so können die mehreren Abschlagszahlungen als zu einer einheitlichen Lohnzahlungsperiode gehörig gelten und der Abzug muß bei der letzten Teilzahlung für sämtliche bisher bewirkten Teilzahlungen vorgenommen werden (Erl. RFM. vom 29. Mai 1922 III 5652).

25. § 18 EStADB.

§ 47[1]).

Berücksichtigung mittelloser Angehöriger.

Die im § 46 Abs. 2 Nr. 2 vorgesehene Ermäßigung[2]) ist auf Antrag[3]) auch für mittellose[4]) Angehörige[5]) zu gewähren, die von dem Steuerpflichtigen unterhalten werden[6]). Über den Antrag entscheidet das Finanzamt[7]).

1. Der Regierungsentwurf sah zur weiteren Einschränkung der Zahl der Veranlagungen die Ermäßigung des einzubehaltenden Betrages von 10 vom Hundert um den damaligen vorgeschlagenen Ermäßigungsbetrag von 120 Mark für den Steuerpflichtigen auch für mittellose Angehörige vor, die von dem Steuerpflichtigen unterhalten werden und mit ihm in einer Haushaltung leben. Das Vorhandensein der mittellosen Angehörigen sollte in dem Steuerbuch vermerkt werden, so daß den Arbeitgebern eine Mehrarbeit nicht erwächst. Bei der Beratung im Unterausschuß wurden seitens mehrerer Ausschußmitglieder gegen die Fassung des § 47 des Regierungsentwurfes Bedenken in dreifacher Richtung geäußert: Ein Teil der Ausschußmitglieder wollte die Berücksichtigung mittelloser Angehöriger beim Steuerabzug auch dann eintreten lassen, wenn sie mit dem Steuerpflichtigen nicht in einer Haushaltung leben. Der Staatssekretär gab zu, daß dieses Ziel erstrebenswert, jedoch die Ausführung technisch kaum möglich sei, da das Finanzamt auf objektive, klare Unterlagen angewiesen sei. Die gleichen Mitglieder wünschten, daß die „Kann“-Vorschrift in eine „Ist“-Vorschrift umgeändert werde. Schließlich wurde beantragt, für die mittellosen Angehörigen nicht den Jahresabschlag von 120 Mark — wie im Regierungsentwurf vorgesehen — sondern von 180 Mark, d. h. den damaligen Ermäßigungssatz für minderjährige Kinder einzusetzen. Ein Regierungsvertreter betonte jedoch, daß es nicht angängig sei, die mittellosen Angehörigen stärker zu berücksichtigen als den Steuerpflichtigen selbst und dessen Ehefrau. Trotz der geäußerten Bedenken gegen die Weglassung der Worte: „mit ihm in einer Haushaltung leben“ und die Gleichstellung der mittellosen Angehörigen mit den minderjährigen Kindern wurde der Antrag Nr. 103 angenommen, der im Wortlaut der Bestimmung des § 47 entspricht.

Bei der Auslegung der Vorschrift des § 47 wird davon auszugehen sein, daß sie eine Vorwegnahme des § 26 Abs. 2 bereits beim Steuerabzug darstellt. Nach § 26 Abs. 2 können bei der Veranlagung besondere wirtschaftliche Verhältnisse, die die Leistungsfähigkeit der Steuerpflichtigen wesentlich beeinträchtigen, durch Erlaß der Einkommensteuer berücksichtigt werden. Als Verhältnisse dieser Art gelten insbesondere u. a. außergewöhnliche Belastungen durch Verpflichtung zum Unterhalt mittelloser Angehöriger. Daher wird die Vorschrift des § 47 nur insoweit angewendet werden können, als durch die Notwendigkeit zum Unterhalt von mittellosen Angehörigen die Voraussetzungen des § 26 Abs. 2 erfüllt sind. Von einer außergewöhnlichen, d. h. über das gewöhnliche Maß hinausgehenden Belastung, wird demnach z. B. nicht gesprochen werden können bei dem Unterhalt einer volljährigen Tochter, die erwerbsfähig, d. h. in der Lage ist, sich durch einen Erwerb die Mittel für ihren Unterhalt zu verschaffen (Erl. RFM. vom 27. April 1922 III 2616, Zimmermann S. 103). Desgleichen wird die Ermäßigung zu versagen sein, wenn das mittellose Familienmitglied, ohne daß ein Dienstvertrag vorliegt, die Hauswirtschaft des Steuerpflichtigen besorgt, die Einstellung eines Dienstboten entbehrlich macht und für seine Arbeitsleistung — ohne kraft der Verwandtschaft einen rechtlichen oder sittlichen Anspruch auf Unterhalt zu haben — verpflegt werden muß (Erl. RFM. vom 3. Jan. 1922 III 31 200).

2. Demnach ab 1. August 1922 die Ermäßigung von 80 Mark monatlich.

3. Über die Frist zur Stellung des Antrages s. § 32 EStADB., für die Ausnahme des § 50 Abs. 2 s. § 35 EStADB.

4. Der Begriff der Mittellosigkeit ist nicht zu eng auszulegen. Mittellosigkeit im Sinne dieser Vorschrift ist nicht nur dann gegeben, wenn der betreffende Angehörige überhaupt keine Mittel besitzt, sondern auch dann, wenn die dem Angehörigen zur Bestreitung des Lebensunterhaltes zur Verfügung stehenden Mittel so gering sind, daß er damit nicht imstande ist, seinen Unterhalt zu bestreiten (Ber. S. 4, § 31 Abs. 2 EStADB.).

5. Als Angehörige werden nicht nur „Familien- oder Haushaltungsangehörige“, — da nicht auf die Zugehörigkeit zum Haushalt abgestellt ist — sondern alle Verwandten und Verschwägerten, denen gegenüber nach Nähe der Verwandtschaft oder Schwägerschaft oder nach den besonderen Beziehungen eine mindestens sittliche Verpflichtung zur Gewährung von Unterhalt in Frage kommt, anzusehen sein (Strutz S. 174). Die Ehefrau und die minderjährigen Kinder kommen für die Ermäßigung nach § 47 nicht in Betracht, sofern für sie schon eine Ermäßigung nach § 46 Abs. 2 Nr. 1, 2 bei dem Steuerabzug des Haushaltungsvorstandes eingetreten ist (§ 31

Abs. 3 EStADB.). Dagegen wird, soferne Mittellosigkeit vorliegt, die von ihrem Ehemanne dauernd getrennt lebende, aber noch nicht geschiedene Ehefrau und die minderjährigen Kinder bei dem Steuerabzug des Ehemannes berücksichtigt werden können, da sie bis zur Ehescheidung Angehörige ist, nicht dagegen die geschiedene Ehefrau (über den Begriff des dauernden Getrenntlebens von dem Ehemann s. Fristing-Strutz 8. Aufl. S. 463, 464, ebenda über den Begriff der getrennten Wirtschaftsführung und RFH. Bd. 8 S. 306 und die dort angeführte Rechtsprechung, über den Begriff der unterhaltsberechtigten Familienangehörigen für die Umsatzsteuer RFH. Bd. 8 S. 75). Uneheliche Kinder sind nur Angehörige der unehelichen Mutter, nicht auch des unehelichen Vaters, sofern sie nicht von diesem legitimiert worden sind. Auch die Ehefrau, die nicht Haushaltungsvorstand ist, wird Anspruch auf Ermäßigung nach § 47 für ihren Ehemann und ihre minderjährigen Kinder erheben können, wenn sie infolge Mittellosigkeit dieser Angehörigen deren Unterhalt bestreitet; ebenso minderjährige und volljährige Kinder für ihre mittellosen, von ihnen unterhaltenen Eltern, Geschwister u. s. w. (Kuhn, Die Einkommensteuer vom Arbeitslohn S. 17).

6. Die Verpflichtung zum Unterhalt mittelloser Angehöriger braucht nicht auf einer gesetzlichen Unterhaltspflicht zu beruhen, es genügt vielmehr auch das Vorliegen einer sittlichen Verpflichtung, andererseits ist nicht schon jeder Akt der Freigebigkeit ausreichend, um den § 26 anzuwenden (Aussch.-Ber. S. 40), jedenfalls genügen nicht bloße Unterstützungen (Strutz S. 284, 285).

7. § 31 Abs. 1 EStADB., s. ebenda über die Behandlung der Fälle, in denen der Unterhalt eines mittellosen Angehörigen von zwei Steuerpflichtigen bestritten wird (Erl. RFM. vom 3. Januar 1922 III 31200). Gegen die Entscheidung des Finanzamtes ist Beschwerde an das Landesfinanzamt zulässig, das endgültig entscheidet (§ 52 a). Im Falle einer Veranlagung (§§ 48, 49) greift die Entscheidung nach § 47 der Entscheidung darüber, inwieweit etwa § 26 Abs. 2 bei der Veranlagung anzuwenden ist, nicht vor.

§ 48 [1]).

Rechtsfolgen.

(1) Übersteigt das gesamte steuerbare Einkommen [2]) nicht den Betrag von **100000** Mark und besteht es entweder aus Arbeitslohn [3]), der gemäß § 46 dem Steuerabzug unterliegt, oder aus solchem Arbeitslohn [4]) und aus sonstigem Einkommen [5]) bis zu **1200** Mark, so bedarf es einer Veranlagung nicht [6]); die Steuer gilt als getilgt, wenn die nach § 46 einbehaltenen Beträge gemäß § 51 vorschriftsmäßig verwendet oder abgeführt sind [7]).

(2) Übersteigt das gesamte steuerbare Einkommen nicht den Betrag von **100000** Mark und besteht es außer aus Arbeitslohn, der gemäß § 46 dem Steuerabzug unterliegt, aus sonstigem Einkommen über **1200** Mark [8]), so bedarf es einer Veranlagung nur für das sonstige Einkommen [9]); die auf den Arbeitslohn entfallende Steuer gilt als getilgt, wenn die

nach § 46 einbehaltenen Beträge gemäß § 51 vorschriftsmäßig verwendet oder abgeführt sind. Hierbei dürfen Abzüge nach § 26 Abs. 1 nur noch insofern vorgenommen werden, als sie bei der Einbehaltung gemäß § 46 nicht berücksichtigt worden sind [10]).

(3) Übersteigt das gesamte steuerbare Einkommen den Betrag von **100000** Mark, so finden die allgemeinen Vorschriften mit der Maßgabe Anwendung [11]), daß der Steuerpflichtige auf die Steuerschuld eines Kalenderjahres im Sinne des § 29 nur den Betrag zu entrichten hat, um den diese Steuerschuld den auf den Arbeitslohn in dem gleichen Kalenderjahr einbehaltenen und vorschriftsmäßig verwendeten Betrag übersteigt [12]). Insoweit dieser Betrag über die Steuerschuld hinausgeht, ist er nach der Veranlagung in bar zu erstatten [13]).

1. Das Gesetz über die Einkommensteuer vom Arbeitslohn hat gegenüber dem bisherigen Recht, nach dem die Beschaffung und Entwertung von Steuermarken nicht schon als Zahlung der Steuer aufzufassen ist, sondern dem Arbeitnehmer nur die Möglichkeit gibt, die Marken auf die bei seiner Veranlagung festgesetzte und ihm angeforderte Steuer an Zahlungsstatt hinzugeben, eine wesentliche Änderung gebracht insofern, als es die Entwertung der Steuermarken, die auf Grund der Lohneinbehaltung erfolgt ist, als Zahlung der Steuer für den Arbeitnehmer gelten läßt und dem Arbeitnehmer in gewissem Umfange einen Erstattungsanspruch wegen zu viel einbehaltenen Lohnes und entwerteter Steuermarken einräumt.

§ 48 regelt die Frage, welche Rechtsfolgen die Einbehaltung in Zukunft haben soll. Er unterscheidet drei Fälle:

1. Gesamtes steuerbares Einkommen nicht über 100 000 Mark, das entweder aus Arbeitslohn, der gemäß § 46 dem Steuerabzug unterliegt oder aus solchem Arbeitslohn und aus sonstigem Einkommen bis zu 1200 Mark besteht.
2. Gesamtes steuerbares Einkommen nicht über 100 000 Mark, das außer aus Arbeitslohn aus sonstigem Einkommen über 1200 Mark besteht.
3. Gesamtes steuerbares Einkommen über 100 000 Mark.

Es wird demnach unterschieden zwischen einem gesamten steuerbaren Einkommen bis zu 100 000 Mark und über 100 000 Mark. Bei ersterem soll, soweit es aus Arbeitslohn besteht, der gemäß § 46 dem Steuerabzug unterliegt, die Steuer nach § 48 Abs. 1 als getilgt gelten, wenn der Arbeitslohn gemäß den Vorschriften des § 46 ordnungsmäßig gekürzt ist und die gekürzten Beträge vorschriftsmäßig verwendet sind, d. h. gemäß § 51 Steuermarken geklebt und entwertet oder die einbehaltenen Beträge nach den von dem Reichsminister der Finanzen erlassenen Bestimmungen anderweit, z. B. durch unmittelbare Überweisung, der Finanzkasse zugeflossen sind. Unter welchen Voraussetzungen die vorschriftsmäßige Verwendung oder Abführung als bewirkt anzusehen ist und durch welche Kontrollmaßnahmen der ordnungsmäßige Gang des Verfahrens sichergestellt ist, ist nunmehr in den Durchführungsbestimmungen zu dem Gesetz über die Einkommensteuer vom

Arbeitslohn geregelt (s. Anhang). In diesem Falle finden also die allgemeinen Vorschriften über Veranlagung, Steuererklärung, Steuerbescheid u. s. w. keine Anwendung.

Hat der Steuerpflichtige bei einem gesamten steuerbaren Einkommen bis zu 100 000 Mark außer Arbeitslohn noch sonstiges Einkommen, z. B. Arbeitseinkommen, das nicht Arbeitslohn ist oder Einkommen aus Grundbesitz, Gewerbebetrieb oder aus sonstigen Einnahmen im Sinne des § 11 EStG., so bedarf es gleichfalls keiner Veranlagung des Arbeitnehmers, wenn die von dem Arbeitslohn einbehaltenen Beträge vorschriftsmäßig verwendet oder abgeführt sind und wenn das sonstige Einkommen nicht mehr als 1200 Mark beträgt. Auch in diesem Falle gilt die Einkommensteuer für das gesamte steuerbare Einkommen bei vorschriftsmäßiger Verwendung der vom Arbeitslohn einbehaltenen Beträge als getilgt. Dieser Bestimmung liegt der Gedanke zugrunde, daß außer Arbeitslohn vielfach noch geringfügiges sonstiges Einkommen vorhanden ist und daß die Veranlagung dieser unerheblichen Beträge mit dem vom Gesetz verfolgten Zwecke, die Zahl der Veranlagungen tunlichst einzuschränken, in Widerspruch stehen würde.

Hat der Steuerpflichtige bei einem steuerbaren Einkommen bis zu 100 000 Mark außer Arbeitslohn noch sonstiges Einkommen von mehr als 1200 Mark, so bedarf es einer Veranlagung nur für das sonstige Einkommen.

Bei einem steuerbaren Einkommen über 100 000 Mark gelten die einbehaltenen Beträge nur als Abschlagszahlungen. Nach Ablauf des Jahres findet in vollem Umfang Veranlagung statt.

Beispiele:

a) Ein Arbeitnehmer hat nur Arbeitslohn in Höhe von 72 000 Mark im Kalenderjahr 1922 gehabt, er ist verheiratet und hat drei minderjährige Kinder. Sind ihm in den Monaten Januar mit Juli 1922 monatlich 600 (d. i. 10 vom Hundert von 6000 Mark) — (20 + 20 + 3 × 30 + 45 =) 175 = 425 Mark, demnach 7 × 425 = 2975 Mark und in den Monaten August mit Dezember 1922 monatlich 600 — (2 × 40 + 3 × 80 + 1 × 90 =) 410 = 190 Mark, demnach 5 × 190 = 950 Mark, zusammen also 3925 Mark einbehalten, so gilt damit seine Steuerschuld als getilgt.

b) Ein Arbeitnehmer mit Frau und 3 minderjährigen Kindern ohne eigenes Arbeitseinkommen hat im Kalenderjahr 1922 außer Arbeitslohn in Höhe von 72 000 Mark ein sonstiges Einkommen von 1100 Mark bezogen. Sind ihm von seinem Arbeitslohn 3925 Mark (wie oben) gekürzt und vorschriftsmäßig verwendet, so gilt auch in diesem Falle die Einkommensteuerschuld als getilgt. Die Veranlagung der 1100 Mark unterbleibt.

c) Ein Angestellter mit Frau und 4 minderjährigen Kindern ohne eigenes Arbeitseinkommen hat außer einem Arbeitslohn von 84 000 Mark noch 7000 Mark sonstiges Einkommen. Vorausgesetzt, daß ihm von seinem Arbeitslohn in den Monaten Januar mit Juli 1922 7 × (700 — (2 × 20 + 1 × 45 + 4 × 30 =) 495 = 3465 Mark und in den Monaten August mit Dezember 1922 5 × (700 — (2 × 40 + 1 × 90 + 4 × 80 =) 210 = 1050 Mark, demnach zusammen 3465 + 1050 = 4515 Mark einbehalten und vorschriftsmäßig abgeführt worden sind, wird nur das sonstige Einkommen veranlagt, Abzüge nach § 26 Abs 1 EStG. dürfen bei der Veranlagung des sonstigen Einkommens nicht mehr vorgenommen werden, da die Abzüge bereits bei dem Abzug vom Arbeitslohn voll berücksichtigt sind.

d) Ein Arbeitnehmer mit Frau und 3 minderjährigen Kindern hat 20 000 Mark Arbeitslohn und 14 000 Mark sonstiges Einkommen im Kalenderjahr 1922 bezogen. Da 10 vom Hundert des Arbeitslohns nur 2000

Mark, die Ermäßigungen nach § 46 Abs. 2 aber 7 × (20 + 20 + 45 + 3 × 30 =) 175 = 1225 + 5 × (40 + 40 + 90 + 3 × 80 =) 410 = 2050, demnach zusammen 1125 + 2050 = 3275 Mark ausmachen, so ist ihm vom Arbeitslohn nichts gekürzt worden. Das sonstige Einkommen wird mit 14000 Mark veranlagt. Von der darauf entfallenden Steuer von 1400 Mark ist aber noch der Unterschiedsbetrag von 3275 — 2000 = 1275 Mark, der beim Steuerabzug nicht hat berücksichtigt werden können, abzusetzen, insgesamt sind dann nur 1400 — 1275 = 125 Mark zu zahlen.

e) Der Arbeitslohn eines verheirateten Beamten mit 3 minderjährigen Kindern hat im Jahre 1922 144 000 Mark betragen. Daran sind 14 400 — (2 × 340 + 3 × 610 + 1 × 765 =) 3275 = 11 125 Mark gekürzt und vorschriftsmäßig verwendet. Bei der Veranlagung wird das Gesamteinkommen auf 160 000 Mark festgestellt. Davon beträgt die Steuer 19 500 Mark, die sich um 3 × 610 auf 17 670 Mark ermäßigt. Der Betrag von 17 670 Mark stellt seine Steuerschuld dar, auf die jedoch die gekürzten 11 125 Mark angerechnet werden, so daß an Einkommensteuer nur noch 6545 Mark zu zahlen sind.

f) Wie zu e; bei der endgültigen Veranlagung wird aber das Einkommen nur auf 108 000 Mark festgestellt, von denen unter Berücksichtigung der Abzüge nach § 26 Abs. 1 nur 9370 Mark zu zahlen sind. Da 11 125 Mark bereits einbehalten sind, ist an Steuer nichts mehr zu zahlen. Erstattet wird der Unterschied zwischen 11 125 und 9370 = 1755 Mark.

g) Ein verheirateter Arbeitnehmer mit 2 minderjährigen Kindern hat 108 000 Mark Arbeitslohn und daneben 20 000 Mark Kapitaleinkommen im Kalenderjahre 1922 gehabt. Es sind ihm 10800 — 2665 = 8135 Mark einbehalten und vorschriftsmäßig verwendet. Das Gesamteinkommen wird, wenn die Werbungskosten gerade 7650 Mark betragen, mit 120 350 veranlagt und zwar zu 13 000 — 1220 = 11 780 Mark. Davon sind an Steuer aber nur 11 780 — 8135 = 3645 Mark zu entrichten.

2. Das gesamte steuerbare Einkommen ist der Gesamtbetrag der nach dem Einkommensteuergesetz steuerbaren Einkünfte nach Absetzung der nach § 13 EStG. zulässigen Abzüge.

3. Im Sinne des § 45 Abs. 2.

4. Der gemäß § 46 dem Steuerabzug unterliegt.

5. Als sonstiges Einkommen gilt der Gesamtbetrag der nach dem Einkommensteuergesetz steuerbaren Einkünfte, der nicht Arbeitslohn ist, der dem Steuerabzug unterliegt.

6. Eine Veranlagung findet demnach nicht statt, sofern der Arbeitslohn gemäß § 46, 47 ordnungsmäßig gekürzt ist und die gekürzten Beträge gemäß § 51 vorschriftsmäßig verwendet oder abgeführt sind. Die Steuer gilt unter diesen Voraussetzungen als durch die vorschriftsmäßige Einbehaltung und Verwendung oder Abführung als getilgt. In diesem Falle entfällt für die Steuerpflichtigen die Verpflichtung zur Abgabe einer Steuererklärung (§ 66 Abs. 1 EStADB.). Das Finanzamt kann jedoch in diesem Falle zur Abgabe einer Steuererklärung auffordern, wenn nach seiner Ansicht die Voraussetzungen der Nichtveranlagung nicht erfüllt sind, dem Steuerpflichtigen muß es dann überlassen bleiben, seinerseits die Voraussetzungen für die Nichtveranlagung nachzuweisen. Über einzelne Fälle, in denen das Finanzamt zur Abgabe einer Steuererklärung aufzufordern hat, s. § 70 Abs. 2 EStADB., über das sonstige Verfahren s. §§ 69, 70 Abs. 3, 71, 72 EStADB. Gegen den Steuerbescheid, der auf eine auf besondere Aufforderung hin eingegangene Steuererklärung ergangen ist, stehen dem Steuerpflichtigen die ordentlichen Rechtsmittel zu, die Veranlagung erfolgt nach den allgemeinen Vorschriften des Einkommensteuergesetzes. Stellt sich nach der Veranlagung heraus, daß zu viel im Wege des Steuerabzuges einbehalten worden ist, so ist der zuviel abgezogene und vorschriftsmäßig verwendete oder abgeführte Betrag zu erstatten (§ 76 EStADB.).

7. In diesem Falle entfällt auch die Verpflichtung des Arbeitnehmers zur Leistung von Vorauszahlungen nach § 42 EStG. für das folgende Kalenderjahr, da keine Steuerschuld von der Steuerbehörde für das Kalenderjahr festgestellt ist und der Arbeitnehmer die Einkommensteuer vom Arbeitslohn des laufenden Jahres im Wege des Steuerabzuges entrichtet.

8. Unter 1200 Mark steuerfrei, die Steuer vom gesamten steuerbaren Einkommen, also auch von dem sonstigen Einkommen von nicht mehr als 1200 Mark gilt unter den im Abs. 1 bezeichneten Voraussetzungen als getilgt (s. auch Zimmermann S. 114).

9. In diesem Falle ist eine Steuererklärung innerhalb der für die Abgabe der Steuererklärung bestimmten Frist abzugeben (§ 69 EStADB.).

10. In diesem Falle entfällt die Verpflichtung des Arbeitnehmers hinsichtlich der Vorauszahlungen auf den Arbeitslohn (s. Anm. 7), die Verpflichtung zur Leistung von solchen besteht nur hinsichtlich des auf das sonstige Einkommen veranlagten Steuerbetrages. Bei Wegfall des sonstigen Einkommens im Laufe des Kalenderjahres, auf dessen Steuerschuld die Vorauszahlungen zu leisten sind, wird Außerhebungsetzung der nach dem Wegfall fälligen Raten einzutreten haben.

11. Demnach Veranlagung des gesamten steuerbaren Einkommens, also auch des Arbeitslohns, von dem Steuerabzug gemacht worden ist.

12. An dem berechneten Steuerbetrag wird der vom Arbeitslohn einbehaltene und vorschriftsmäßig verwendete oder abgeführte in Abzug gebracht und nur der Restbetrag wird im Steuerbescheid zur Zahlung angefordert (§ 73 Abs. 1 EStADB.). Nach dem Betrage, um den die Steuerschuld für ein Kalenderjahr den im gleichen Kalenderjahr auf den Arbeitslohn einbehaltenen und vorschriftsmäßig verwendeten oder abgeführten Betrag übersteigt, berechnen sich die nach § 42 Abs. 1 EStG. auf die Steuerschuld des folgenden Kalenderjahres zu leistenden Vorauszahlungen (§ 73 Abs. 3). Macht der Arbeitnehmer glaubhaft, daß sich sein Einkommen gemindert hat, so werden die auf den wahrscheinlichen Betrag der Minderung entfallenden Teile der Vorauszahlungen außer Hebung zu setzen sein.

13. § 76 EStADB.

§ 48a.

Maßnahmen bei Änderung der Erwerbsverhältnisse.

(1) Soweit eine Veranlagung erfolgt ist, hat der Steuerpflichtige Vorauszahlungen bis zum Empfange des nächsten Steuerbescheides gemäß § 42 Abs. 1 nur in Höhe der auf die Steuerschuld zu entrichtenden Betrages zu leisten[1]).

(2) Fällt infolge Änderung der Erwerbsverhältnisse[2]) voraussichtlich für den Rest des Kalenderjahrs der Bezug von Arbeitslohn weg, so kann nach näherer Anordnung des Reichsministers der Finanzen die bis zum Empfange des nächsten Steuerbescheides zu leistende Vorauszahlung nach dem mutmaßlichen Betrage des für dieses Kalenderjahr steuerbaren Einkommens festgesetzt werden[3]).

1. D. h. des nach § 48 nicht durch den Steuerabzug entrichteten Betrages. S. § 75 Abs. 1 EStADB.

2. Z. B. durch Aufgabe eines Anstellungs- oder Beschäftigungsverhältnisses ohne gleichzeitigen Eintritt in ein neues Anstellungs- oder Beschäftigungsverhältnis. Es fällt dann für den Rest des Kalenderjahres der Bezug von Arbeitslohn und damit auch der Steuerabzug weg.

3. § 75 Abs. 2 und 3 EStADB.

§ 49.

Veranlagung.

(1) Steuerpflichtige, deren gesamtes steuerbares Einkommen **100000** Mark nicht übersteigt[1]), können Veranlagung zur Einkommensteuer beantragen[2]):

1. wenn bei Zugrundelegung der Vorschrift des § 13 Abs. 1 Nr. 1 bis 7 die nach dieser Vorschrift zulässigen Abzüge den Betrag von **12000** Mark übersteigen und nicht schon gemäß § 46 Abs. 2 Nr. 3 berücksichtigt sind, es sei denn, daß der Unterschied zwischen dem einbehaltenen Betrag und dem auf Veranlagung zu erhebenden Betrag nicht mehr als **90** Mark beträgt[3]);

2. wenn die Voraussetzungen des § 26 Abs. 2[4]) oder des § 44[5]) vorliegen;

3. wenn die nach § 26 Abs. 1[6]), § 47 zulässigen Ermäßigungen bei den einbehaltenen Beträgen nicht voll berücksichtigt sind.

(2) Sind einem Steuerpflichtigen, dessen gesamtes steuerbares Einkommen **100000** Mark nicht übersteigt, infolge teilweiser Erwerbslosigkeit die nach § 46 Abs. 2 zulässigen Ermäßigungen nicht voll in Anrechnung gebracht worden oder sind die Voraussetzungen für die Anwendung des § 26 Abs. 2 gegeben, so sind ihm diese Beträge insoweit auf Antrag in bar zu erstatten[7]).

(3) Anträge auf Grund des Abs. 1[8]) sind mit einer Einkommensteuererklärung zu verbinden und innerhalb der Frist für die Abgabe dieser Erklärung zu stellen[9]); § 68 der Reichsabgabenordnung gilt entsprechend[10]). Auf die veranlagte Einkommensteuer wird der vom Arbeitgeber einbehaltene und vorschriftsmäßig verwendete Betrag angerechnet. Der anrechnungsfähige Betrag wird bar erstattet, soweit er den Betrag der Einkommensteuer übersteigt oder Einkommensteuer nicht zu entrichten ist.

1. Bei einem gesamten steuerbaren Einkommen von mehr als 100 000 Mark findet ohnedies Veranlagung nach den allgemeinen Grundsätzen statt. Steuerpflichtigen, deren gesamtes steuerbares Einkommen diesen Betrag nicht übersteigt, bei denen also im allgemeinen keine Veranlagung oder nur eine Veranlagung des sonstigen Einkommens stattfindet (§ 48 Abs. 1, 2) ist in den unter Nr. 1 bis 3 bezeichneten Voraussetzungen das Recht gegeben, Veranlagung zu beantragen, es findet dann stets Veranlagung des gesamten steuerbaren Einkommens, also des Arbeitslohns und des sonstigen Einkommens statt (§ 69, 74 EStADB.).

2. Ergibt sich, daß die Voraussetzungen der Nr. 1 bis 3 nicht gegeben sind, so ist der Antrag auf Veranlagung als unbegründet zurückzuweisen, gegen die Ablehnung des Antrages stehen dem Steuerpflichtigen die ordentlichen Rechtsmittel zu (Einspruch, Berufung, Rechtsbeschwerde, Zimmermann S. 126, Strutz S. 296).

3. Um aus Nr. 1 ein Recht auf Veranlagung herleiten zu können, müssen 3 Voraussetzungen gegeben sein:

a) die nach der Vorschrift des § 13 Abs. 1 Nr. 1 bis 7 zulässigen Abzüge müssen den Betrag von 12 000 Mk. übersteigen, also die Abzüge in ihrer tatsächlichen Höhe;

b) die Abzüge dürfen nicht schon nach § 46 Abs. 2 Nr. 3 berücksichtigt sein;

c) der Unterschied zwischen dem einbehaltenen Betrag und dem auf Veranlagung zu erhebenden Betrag muß mehr als 90 Mark betragen, d. h. es müssen bei ordnungsmäßiger Veranlagung mehr als 90 Mark zurückerstattet werden, ein Unterschiedsbetrag von nur 90 Mark soll unbeachtlich sein.

Die tatsächlich zulässigen Abzüge müssen mehr als 12 000 Mark betragen und die tatsächlich zulässigen Abzüge müssen andererseits um mindestens 90 Mark den auf Grund des § 46 Abs. 2 Nr. 3 bei dem Steuerabzug berücksichtigten Betrag übersteigen.

4. Nach § 26 Abs. 2 können bei der Veranlagung besondere wirtschaftliche Verhältnisse, die die Leistungsfähigkeit des Steuerpflichtigen wesentlich beeinträchtigen, durch Ermäßigung oder Erlaß der Einkommensteuer berücksichtigt werden, sofern das steuerbare Einkommen 200 000 Mark nicht übersteigt. Als Verhältnisse dieser Art gelten insbesondere außergewöhnliche Belastungen durch Unterhalt und Erziehung der Kinder, durch Verpflichtung zum Unterhalt mittelloser Angehöriger, durch Krankheit, Körperverletzung, Verschuldung, Unglücksfälle oder durch besondere Aufwendungen im Haushalt infolge einer Erwerbstätigkeit der Ehefrau.

Hierbei ist jedoch zu beachten, daß das Gesetz im § 47 bereits einen der Fälle des § 26 Abs. 2 insoferne vorweggenommen hat, als auf Antrag die im § 46 Abs. 2 Nr. 2 vorgesehene Ermäßigung vom Finanzamt auch für mittellose Angehörige zu gewähren ist, die von dem Steuerpflichtigen unterhalten werden. Falls demnach auf Antrag nach § 47 die Berücksichtigung mittelloser Angehöriger schon während des Jahres zugelassen worden ist, wird, falls der Steuerpflichtige die Voraussetzung der Anwendbarkeit des § 26 Abs. 2 nur auf die Verpflichtung zum Unterhalt mittelloser Angehöriger zu stützen vermag, ein Recht, die Veranlagung zu beantragen, nur insoweit zuzulassen sein, wenn der Unterhalt den Betrag von 6100 — für das Kalenderjahr 1922 — Mark erfordert hat oder bei Zulassung von mittellosen Angehörigen nach § 50 Abs. 2 der Unterhalt bei dem Steuerabzug nicht voll berücksichtigt werden konnte.

Abgesehen von der Berücksichtigung der Verpflichtung zum Unterhalt mittelloser Angehöriger nach § 47 und gegebenenfalls nach § 50 Abs. 2 kann die Vorschrift des § 26 Abs. 2 nur im Wege der Veranlagung nach § 48 und der Erstattung nach § 49 Abs. 2 zu einer Steuerermäßigung führen.

5. Die Anrechnung der Kapitalertragsteuer nach § 44 auf die Einkommensteuer kann ebenfalls nur auf Grund einer Veranlagung erfolgen. Dieses Antrages aus Nr. 3 bedarf es nur, wenn das Kapitaleinkommen und etwaige sonstige Einkünfte außer dem Arbeitslohn den Betrag von 1200 Mark nicht übersteigen, da andernfalls die Veranlagung auch ohne Antrag nach § 48 Abs. 2 zu erfolgen hat (Zimmermann S. 128).

6. Nur die Beträge nach § 26 Abs. 1 und § 47, also nur die Beträge für den Steuerpflichtigen selbst, seine nicht selbständig zu veranlagende Ehefrau, für das zur Haushaltung zählende minderjährige Kind, das nicht selbständig zu veranlagen ist, wobei jedoch die Ermäßigung auch für solche Kinder gewährt wird, die Arbeitseinkommen beziehen, soferne sie das 17. Lebensjahr noch nicht vollendet haben, für mittellose Angehörige und der Betrag nach der neueingefügten Ziffer c des § 26 Abs. 1. Eine Ermäßigung nach § 26 Abs. 1 Ziffer a und b, der beim Steuerabzug nur dann Anwendung findet, wenn eine Veranlagung des Arbeitseinkommens erfolgt, greift aber nur Platz, wenn die Voraussetzungen des §§ 16 und 17 gegeben sind — abgesehen von dem Falle der Ermäßigung auch für Kinder unter 17 Jahren, soferne sie eigenes Arbeitseinkommen beziehen —, demnach nur vom Beginn des Kalenderjahres, das dem Eintritt der Voraussetzungen folgt, bis zum Schluß des Kalenderjahres, das dem Wegfall der Voraussetzungen vorangeht. Es kommt demnach darauf an, ob die Voraussetzungen der Zusammenveranlagung während des ganzen Kalenderjahres, für welches die Veranlagung zu erfolgen hat, erfüllt waren. Ob es sich demnach um eine Ehefrau oder ein minderjähriges Kind handelt, die selbständig zu veranlagen sind, ist darnach zu entscheiden, ob die Ehefrau oder das Kind für das Kalenderjahr, für welches der Steuerpflichtige veranlagt werden soll, selbständig zu veranlagen sind. Kinder z. B., die im Laufe des Kalenderjahres, für welches die Veranlagung erfolgt, geboren oder gestorben sind, sind stets selbständig zu veranlagen. Dabei ist es ohne Bedeutung für die Frage, ob es sich um eine selbständig zu veranlagende Ehefrau oder um ein selbständig zu veranlagendes minderjähriges Kind handelt, ob die Ehefrau oder das Kind tatsächlich selbständig veranlagt wird und ob die Ehefrau oder das Kind auf Grund dieser selbständigen Veranlagung auch wirklich Einkommensteuer zu entrichten hat. Auch wenn auf Grund der §§ 45 ff. eine Veranlagung der Ehefrau oder der Kinder mit ihrem Arbeitseinkommen unterbleibt, so sind diese gleichwohl als „selbständig zu veranlagen" anzusehen (Kuhn Ergänzungsband S. 28). Bei einem Steuerpflichtigen z. B., der nach Ablauf des Kalenderjahres 1922 den Antrag auf Veranlagung aus § 49 Abs. 1 Nr. 3 stellt, ist dies z. B. nur zuzulassen, wenn die Steuerermäßigung für die Ehefrau, mit der er vor Beginn des Kalenderjahres 1922 die Ehe geschlossen hat und die Ehe während des Kalenderjahres 1922 bestanden hat, nicht voll berücksichtigt worden ist und die Ehefrau nicht dauernd von ihm getrennt lebt und nicht mit Arbeitseinkommen aus einem dem Ehemann fremden Betrieb selbständig zu veranlagen ist oder nach § 45 ff. als selbständig veranlagt gilt. Desgleichen ist ein Antrag aus § 49 Abs. 1 Nr. 3 nur zulässig, wenn z. B. für das Kalenderjahr 1924 einem steuerpflichtigen Haushaltungsvorstand die Ermäßigung für ein vor dem 1. Januar

1924 geborenes Kind, das zu seiner Haushaltung zählt, nicht voll berücksichtigt worden ist. Dagegen steht einem Steuerpflichtigen, der z. B. im Kalenderjahr 1922 geheiratet hat, das Recht, Veranlagung für dieses Kalenderjahr wegen der nicht oder nicht ganz erfolgten Berücksichtigung seiner Ehefrau zu beantragen, nicht zu, da die Voraussetzungen der Zusammenveranlagung und damit die Ermäßigung aus § 26 Abs. 1 für dieses Jahr noch nicht gegeben sind.

7. § 77 EStADB. Der Ausschußbericht bemerkt dazu (S. 4): „Bei Beratung des § 49 regte ein Abgeordneter an, Steuerpflichtige, die vorübergehend erwerbslos waren, wegen der für diese Zeit beim späteren Steuerabzug nicht berücksichtigten Steuerermäßigungen nicht erst auf die Möglichkeit späterer Veranlagung zu verweisen, sondern ihnen bereits früher die zuviel einbehaltenen Beträge zu erstatten. Dieselbe Möglichkeit müsse gegeben sein, wenn der Tatbestand des § 26 Abs. 4 und 5 (nunmehr § 26 Abs. 2) erfüllt sei. Der Staatssekretär macht auf die großen technischen Schwierigkeiten einer solchen Regelung aufmerksam. Zum mindesten sei es dem Arbeitgeber nicht zuzumuten, beim späteren Lohnabzug die Abschläge für die vergangenen Lohnperioden, während deren der betreffende Arbeitnehmer erwerbslos gewesen sei, nachträglich zu berücksichtigen. Es wird hierauf Antrag Nr. 106 Ziffer 1 — der Fassung des § 49 Abs. 2 entsprechend — angenommen, der diese Erstattung auf Antrag dem Finanzamt aufgibt."

Der Antrag nach § 49 Abs. 2 kann schon im Laufe des Kalenderjahres gestellt werden. Der Steuerpflichtige, dessen gesamtes steuerbares Einkommen 100 000 Mark nicht übersteigt, kann darnach beantragen, daß ihm die Beträge in bar erstattet werden, die ihm zuviel einbehalten worden sind, weil die nach § 46 Abs. 2 oder nach § 26 Abs. 2 zulässigen Ermäßigungen infolge teilweiser Erwerbslosigkeit nicht voll in Anrechnung gebracht worden sind.

Gegen die völlige oder teilweise Ablehnung der Erstattung ist nur die Beschwerde nach § 52a gegeben, nicht die ordentlichen Rechtsmittel (Strutz S. 296, dessen Ansicht beizupflichten sein wird, a. A. Zimmermann S. 136).

8. Nicht auf Grund des § 49 Abs. 2.

9. § 68 EStADB.

10. Nachsicht wegen Fristversäumnis.

§ 50.

Ausstellung der Steuerbücher.

(1) Der Arbeitnehmer ist verpflichtet [1]), sich vor Beginn eines jeden Kalenderjahrs oder vor Beginn eines Dienstverhältnisses [2]) von der Gemeindebehörde [3]) seines Wohnorts ein Steuerbuch [4]) ausstellen zu lassen [5]).

(2) [6]) Weist der Arbeitnehmer vor Ablauf des ersten Kalendervierteljahrs nach, daß die Zahl der Personen, für die der Abzug am Arbeitslohn sich gemäß § 46 Abs. 2 Nr. 2 und § 47 ermäßigt, um wenigstens zwei größer ist, als im Steuerbuch angegeben, so hat im Falle des § 46 Abs. 2 Nr. 2 die Gemeindebehörde, im Falle des § 47 das Finanzamt auf seinen Antrag diese Tatsache im Steuerbuch zu vermerken.

In diesem Falle tritt die Ermäßigung auf die neu hinzugekommenen Personen bei der ersten Lohnzahlung im zweiten Kalendervierteljahr in Kraft.

1. Im Falle der Weigerung greift die Strafbestimmung des § 53 a Platz.

2. Die Verpflichtung, sich ein Steuerbuch durch die Gemeindebehörde ausstellen zu lassen, obliegt dem Arbeitnehmer

a) vor Beginn eines jeden Kalenderjahres. Das Steuerbuch, das die Unterlage für die Einklebung der zu entwertenden Marken bildet, gilt jeweils für ein Kalenderjahr. Die Benützung des Steuerbuches ist nur für das Kalenderjahr, für das es ausgestellt ist, möglich, da das Steuerbuch dem Arbeitgeber gegenüber den Familienstand des Arbeitnehmers nach dem Stand vom 1. Oktober des vorangegangenen Jahres (§ 46 Abs. 2 Nr. 1, 2 sowie die Ermäßigungen nach § 46 Abs. 2 Nr. 3) ausweist, diese Jahresermäßigungen auf der Vorderseite des Steuerbuches vermerkt sind und der Arbeitgeber an sie gebunden ist (§ 37 EStADB., abweichend für das Kalenderjahr 1922 § 83 b EStADB.). Für ein neues Kalenderjahr ist jeweils im Anschluß an die Personenstandsaufnahme des vorangegangenen Jahres ein neues Steuerbuch auszustellen. Reichen die Einlagebogen des Steuerbuches für die während des Kalenderjahres einzuklebenden und zu entwertenden Steuermarken nicht aus, so hat der Arbeitgeber sich bei dem Finanzamt oder der Gemeindebehörde neue Einlagebogen, die kostenlos abgegeben werden, zu beschaffen (§ 28 Abs. 4 EStADB.). Ist dem Arbeitnehmer vor Beginn eines Kalenderjahres ein Steuerbuch bereits ausgestellt und hat er im Laufe des Kalenderjahres seine Arbeitsstelle gewechselt, so hat er sich kein neues Steuerbuch ausstellen zu lassen, für die neue Arbeitsstelle gilt das bereits ausgestellte Steuerbuch;

b) wenn er sich vor Beginn eines Kalenderjahres kein Steuerbuch hat ausstellen lassen, vor Beginn eines Dienst- oder Arbeitsverhältnisses in diesem Kalenderjahre.

3. Grundsätzlich verpflichtet ist die Gemeindebehörde des Wohnortes, auch wenn der Arbeitnehmer in einer anderen Gemeinde einer Beschäftigung nachgeht (§§ 19, 20, 25, 26 EStADB.). Die Gemeindebehörde hat das Steuerbuch dem Arbeitnehmer unentgeltlich auszustellen (§ 21, 25, 28 a. . O., über Ersatz verlorener, unbrauchbar gewordener oder zerstörter Steuerbücher § 28 Abs. 2 a. a. O.). Gemeinden, denen an sich ein Entschädigungsanspruch für die Ausstellung, Berichtigung und Ergänzung der Steuerbücher nicht zusteht, wird eine Entschädigung von 1 Mark für jedes von ihnen ausgestellte und ausgehändigte und jedes von ihnen ausgestellte, aber ohne ihr Verschulden nicht zugestellte oder ausgehändigte Steuerbuch gewährt, nicht dagegen für die Ausstellung und Aushändigung von Duplikaten von verlorenen Steuerbüchern, für die ihnen ohnedies schon eine Gebühr von 5 Mark zufließt (§§ 28 Abs. 2, 29 Abs. 2 a. a. O.).

4. Arbeitnehmern, die bei mehreren Arbeitgebern gleichzeitig beschäftigt sind, kann die Gemeindebehörde ein zweites oder ferneres Steuerbuch ohne Einsetzung von Ermäßigungen ausstellen (§ 23 EStADB.).

Durch die Bestimmung des § 23 EStADB. soll verhindert werden, daß bei einem Arbeitnehmer, der bei mehreren Arbeitgebern gleichzeitig beschäftigt ist, die Ermäßigungen mehrfach berücksichtigt werden. Der Arbeitnehmer, der dem Arbeitgeber für den Steuerabzug von den Nebeneinnahmen das für den Hauptberuf ausgestellte Steuerbuch vorlegt, macht sich strafbar

(§ 53 a). Im Falle der Zuwiderhandlung wird sich bei der Prüfung der Steuerabzüge herausstellen, daß die Ermäßigungen mehrfach berücksichtigt sind und das Finanzamt wird dann, da der Steuerabzug nicht vorschriftsmäßig bewirkt worden, eine Veranlagung des betreffenden Steuerpflichtigen vorzunehmen haben, wenn es sich nicht überhaupt empfiehlt, daß z. B. die eine Pension zahlende Kasse, die weiß, daß die Ruhegehaltsempfänger nebenher noch in einem Arbeitsverhältnis steht, durch Anklebung eines Zettels oder in sonstiger Weise bemerkt, daß die Ermäßigungen beim Steuerabzug von der Pension berücksichtigt werden und deshalb bei anderweitigem Arbeitseinkommen nicht mehr zu berücksichtigen sind. Nachdem jedoch künftighin Ruhegehaltsempfänger unter den Voraussetzungen des § 44 nach § 26 Abs. 1 Ziffer c EStG. bei einem 50 000 Mark nicht übersteigendem Einkommen — in den geschilderten Fällen wird es sich hauptsächlich um solche Personen handeln, — neben den Ermäßigungen des § 26 Abs. 1 Ziffer a und b Anspruch auf Ermäßigung der Steuer um 2000 Mark — unter Anrechnung des Betrages des § 46 Abs. 2 Nr. 3 haben, dürfte einer mehrfachen teilweisen Berücksichtigung der Ermäßigungen keine allzu große Bedeutung beizumessen sein. Auch der umgekehrte Fall, daß z. B. bei einem Ruhegehaltsempfänger, bei dem die zehnprozentigen Teile der Ruhegehaltsbezüge hinter den Steuerermäßigungen zurückbleiben, während 10 vom Hundert der von ihm aus Nebeneinnahmen empfangenen Bezüge zur Berücksichtigung der Ermäßigungen hinreichen, ist denkbar. In diesem Falle wird eine Verrechnung der Ermäßigungen bei zwei oder mehreren Arbeitgebern aus technischen Gründen nicht erfolgen können, es wird vielmehr nur Veranlagung nach § 49 Abs. 1 Nr. 3 EStG. beantragt werden können.

5. Über die Ausstellung von Steuerbüchern durch andere Behörden s. § 27 EStADB.

6. Mit Rücksicht darauf, daß nach der Bestimmung des § 46 Abs. 3 für die nach § 46 Abs. 2 Nr. 1 und 2 in einem Kalenderjahr abzusetzenden Beträge der Familienstand am 1. Oktober des vorangegangenen Jahres oder an dem anderweitig festgesetzten Stichtag für das ganze Kalenderjahr maßgebend ist, z. B. für das Kalenderjahr 1922 der Familienstand am 20. Oktober 1921, als dem Tag der Personenstandsaufnahme, sich demnach die in einem Kalenderjahr zuzubilligenden Ermäßigungen nach dem Stande an einem Stichtage bemessen, der vor Beginn des Kalenderjahres liegt und sich daraus Härten bei Hinzutreten mehrerer unterhaltsberechtigter Personen ergeben können, ist die Bestimmung des Abs. 2 vom Reichstagsplenum aufgenommen worden. Darnach soll der Arbeitnehmer berechtigt sein, eine Änderung der betreffenden in seinem Steuerbuche von der Gemeindebehörde vermerkten Jahresermäßigungen zu beantragen, sofern er vor Ablauf des ersten Kalendervierteljahres nachweist, daß die Zahl der nach § 46 Abs. 2 Nr. 2 (minderjährige Kinder) und § 47 (mittellose Angehörige) in Betracht kommenden Personen um wenigstens 2 größer ist, als in dem Steuerbuch angegeben ist (§ 35 EStADB.). Die Ermäßigung wirkt in diesem Falle von der ersten Lohnzahlung im zweiten Kalendervierteljahre ab, also nicht für die rückliegende Zeit, so daß keine nachträgliche Umrechnung der für das erste Kalendervierteljahr bisher vorgenommenen Steuerabzüge zulässig ist.

§ 51 [1]).

Entrichtung.

(1) Bei jeder Lohn- oder Gehaltszahlung hat der Arbeitnehmer sein Steuerbuch dem Arbeitgeber vorzulegen [2]). Dieser hat in Höhe des einbehaltenen Betrags [3]) Steuermarken [4]) in das Steuerbuch einzukleben und zu entwerten [5]).

(2) Der Reichsminister der Finanzen kann ein vom Abs. 1 abweichendes Verfahren anordnen und insbesondere bestimmen, daß die Verwendung von Steuermarken unterbleibt und die Einzahlung des vom Arbeitslohn einbehaltenen Betrags durch den Arbeitgeber unmittelbar bei der Finanzkasse erfolgt [6]).

1. Wegen der Ausstellung des Steuerbuches s. § 50 und die Anmerkungen dazu.

2. Abs. 1 Satz 1 wiederholt zunächst den Grundsatz des früheren Rechts (§ 46), wonach der Arbeitnehmer dem Arbeitgeber seine Steuerkarte bei jeder Lohnzahlung zum Einkleben und Entwerten der Steuermarken vorzulegen hat. Der Arbeitnehmer kann sein Steuerbuch dem Arbeitgeber zur dauernden Aufbewahrung überlassen. Eigentümer des Steuerbuches bleibt aber auch in diesem Falle der Arbeitnehmer, der auch jederzeit die Herausgabe des Buches verlangen kann. Kommt der Arbeitnehmer der Verpflichtung zur Vorlage des Steuerbuches nicht nach, so gewärtigt er einmal Bestrafung nach § 53 a und weiter hat der Arbeitgeber, an dessen Verpflichtung zur Einbehaltung des Steuerabzugsbetrages durch die Nichtvorlage des Steuerbuches nichts geändert wird, den Steuerabzug ohne Berücksichtigung der Ermäßigungen nach § 46 Abs. 2 vorzunehmen und in Höhe des einbehaltenen Betrages Steuermarken in lose Einlagebogen einzukleben und zu entwerten und für den Arbeitnehmer aufzubewahren, bis dieser sein Steuerbuch vorlegt. Es trifft ihn also auch insofern ein Nachteil, als die Ermäßigungen nach § 46 Abs. 2, die der Arbeitgeber ohne Vorlage des Steuerbuches nicht berücksichtigen kann, einstweilen nicht berücksichtigt werden. Der Arbeitgeber darf selbstverständlich bei Meidung der Haftung nach § 52 und etwaiger Bestrafung den einbehaltenen Betrag dem Arbeitnehmer nicht aushändigen, ebensowenig die etwa nicht eingeklebten Steuermarken (§ 40 EStADB.).

3. Grundsätzlich bei jeder Auszahlung des Arbeitslohnes, wegen der technischen Einzelheiten s. §§ 39, 40, 41 EStADB.

4. §§ 45—47 EStADB.

5. Über die fernere Verwendung der Steuerbücher s. § 42 EStADB.

6. Dies ist geschehen durch die §§ 48 mit 55 EStADB. Daneben ist in entsprechender Fortführung der Bekanntmachung vom 11. Juli 1921 ebenso die Genehmigung für die Zulassung zu dem vereinfachten Steuerabzugsverfahren für Behörden und Körperschaften durch die Bekanntmachung vom 2. Januar 1922 (Zentralblatt für das Deutsche Reich S. 19) und den Erlaß des Reichsministers der Finanzen vom 20. Januar 1922 III E 38 980 zugelassen worden (im Anhang abgedruckt). Die vor Inkrafttreten der Durchführungsbestimmungen (1. Januar 1922) erteilten Genehmigungen zur Barabführung oder Überweisung der einbehaltenen Steuerbeträge und ebenso die Genehmigung für die Zulassung zu dem vereinfachten Setuerabzugsverfahren der Behörden haben mit den durch die Durchführungsbestimmungen angeordneten Änderungen ihre Gültigkeit behalten (§ 84 EStADB.).

§ 52[1]).

Haftung.

(1) Der Arbeitgeber haftet dem Reiche für die Einbehaltung und Entrichtung[2]) der in den §§ 46, 47 bestimmten Beträge neben dem Arbeitnehmer als Gesamtschuldner[3]).

(2) Die Haftung des Arbeitnehmers[4]) beschränkt sich auf die Fälle, in denen

1. der Arbeitnehmer den Arbeitslohn nicht vorschriftsmäßig gekürzt erhalten hat;
2. der Arbeitgeber die einbehaltenen Beträge nicht vorschriftsmäßig verwendet hat und dem Arbeitgeber dies bekannt ist; in diesem Falle erlischt die Haftung, wenn der Arbeitnehmer dem Finanzamt von dieser Kenntnis unverzüglich Mitteilung macht[5, 6]).

1. „Wie nach dem geltenden Recht (§ 50) sollen auch in Zukunft grundsätzlich der Arbeitgeber und der Arbeitnehmer für die Einbehaltung und Entrichtung der vorgeschriebenen Beträge als Gesamtschuldner haften. Der veränderte rechtliche Charakter der vereinfachten Einkommensteuer gegenüber dem geltenden Steuerabzuge bedingt jedoch eine Einschränkung der Haftung des Arbeitnehmers, die grundsätzlich erlöschen soll, wenn der Arbeitnehmer den Arbeitslohn vorschriftsmäßig gekürzt erhalten hat; in diesem Falle soll die Haftung nur dann weiter bestehen, oder wieder entstehen, wenn dem Arbeitnehmer von vornherein bekannt war oder später bekannt wird, daß der Arbeitgeber die Beträge nicht vorschriftsmäßig verwendet hat und wenn der Arbeitnehmer dies nicht unverzüglich dem Finanzamt mitteilt; das ist erforderlich, um Schiebungen zwischen den Beteiligten vorzubeugen" (Begr. S. 9).

2. Der Arbeitgeber haftet für die Einbehaltung (§ 46 Abs. 1) und Entrichtung (§ 51) der in den §§ 46, 47 bestimmten Beträge in jedem Falle und in vollem Umfange. Nach § 48 Abs. 1 gilt bei einem gesamten steuerbaren Einkommen von nicht mehr als 100 000 Mark, das aus Arbeitslohn, der gemäß § 46 dem Steuerabzug unterliegt, besteht als getilgt, wenn die nach § 46 einbehaltenen Beträge gemäß § 51 vorschriftsmäßig verwendet oder abgeführt sind. Nach § 48 Abs. 3 finden bei einem den Betrag von 100 000 Mark übersteigenden gesamten steuerbaren Einkommen die allgemeinen Vorschriften mit der Maßgabe Anwendung, daß der Steuerpflichtige auf die Steuerschuld eines Kalenderjahres im Sinne des § 29 nur den Betrag zu entrichten hat, um den diese Steuerschuld den auf den Arbeitslohn in dem gleichen Kalenderjahr einbehaltenen und vorschriftsmäßig verwendeten Betrag übersteigt. Hat demnach der Arbeitgeber seine Verpflichtungen aus § 46 (Einbehaltung vom Lohn unter entsprechender Berücksichtigung der Ermäßigungen) und aus § 51 (Entrichtung des einbehaltenen Betrages durch Markenverwendung oder durch Baratführung oder Überweisung) — bei einem den Betrag von 100 000 Mark übersteigenden Arbeitslohn selbstverständlich auch nur in Höhe des in § 46 Abs. 1 bestimmten Betrages von 10 vom Hundert unter Berücksichtigung der Ermäßigungen des § 46 Abs. 2 — erfüllt, so kann er aus § 52 nicht in Anspruch genommen werden. Dies bedeutet eine wesentliche Änderung gegenüber dem früheren Rechte, wo die Einbehaltung des Steuerabzuges und die vorschriftsmäßige Verwendung durch Einkleben und Entwerten von Steuermarken noch keine Tilgung der Steuerschuld des Arbeitnehmers bedeutete, sondern dieser die Steuermarken nur bei der Steuerzahlung an Zahlungsstatt hingeben konnte (§ 48, **RFH. vom 5. Oktober 1921 III A 141/21 und III A 124/21, vom 30. November 1921 III A 180/21 und vom 6. April 1922 III A** 307/21). Während also nach früherem Rechte der Arbeitgeber nicht nur für das Einkleben und Entwerten von Steuermarken haftete, sondern in Höhe des einzubehaltenden Betrages auch dafür, daß der Arbeitnehmer die Steuer entrichtete und das Reich die Wahl hatte, ob es die Steuern des Arbeitnehmers, soweit diese durch Einbehaltung vom Arbeitslohn einzuziehen waren, vom Arbeitnehmer oder Arbeitgeber einziehen wollte, kann nunmehr der Arbeitgeber, wenn er nachweisen kann, daß er vorschriftsmäßig die Steuerabzüge vorgenommen und Steuermarken geklebt und entwertet oder den Betrag abgeführt hat, nicht mehr in Anspruch genommen werden (Strutz S. 299). Ergibt sich dagegen, daß der Arbeitgeber den vorgeschriebenen Steuerabzug nicht vorgenommen hat — keinen Teil des Lohnes einbehalten hat — oder zwar einen Teil des Lohnes einbehalten hat, aber die einbehaltenen Beträge nicht durch Marken verwendet oder bar abgeführt oder überwiesen hat, so ist er für die nicht einbehaltenen oder nicht abgeführten Beträge haftbar, und das selbst dann, wenn er die Beträge, die er einbehalten hätte müssen, von dem Arbeitnehmer aus irgendwelchen Gründen nicht mehr erlangen kann.

3. Der Arbeitgeber kann von der Steuerbehörde wegen des nicht einbehaltenen oder ordnungsmäßig verwendeten Betrages in Anspruch genommen werden, ohne daß sich die Steuerbehörde vorher an den Arbeitnehmer zu halten hätte. Die Haftbarkeit des Arbeitgebers hat das Finanzamt in einem Steuerbescheid auszusprechen (§§ 211, 95 AO.), gegen den Steuerbescheid stehen dem Arbeitgeber die Rechtsmittel im Berufungsverfahren zu (§ 218 AO., Zimmermann S. 148).

4. Grundsätzlich haftete mit dem Arbeitgeber als Gesamtschuldner auch der Arbeitnehmer. Abs. 2 enthält aber gegenüber dem früheren Recht eine wesentliche Einschränkung der Haftung des Arbeitnehmers. Das frühere Recht kannte eine Sondervorschrift über die Haftung des Arbeitnehmers nicht. Denn da der Steuerabzug nur eine Abschlagszahlung auf die zu veranlagende Einkommensteuer war, bestimmte sich die Haftung des Arbeitnehmers für seine Steuerschuld nach den allgemeinen Vorschriften, wie sie für alle der Veranlagung unterliegenden Steuerpflichtigen gelten. Der jetzt veränderte Charakter des Steuerabzuges bedingt dagegen eine Sondervorschrift bezüglich der Haftung des Arbeitnehmers. Er schränkt diese auf 2 Fälle ein:

1. Fall: Dem Arbeitnehmer ist der Arbeitslohn unverkürzt ausgezahlt worden, Steuerabzüge sind ihm bei Auszahlung des Arbeitslohns nicht gemacht worden. Ob diese Voraussetzung gegeben ist, kann die Steuerbehörde durch die vom Arbeitgeber zu liefernden Beweise über die Einbehaltung des im § 46 bestimmten Lohnteils feststellen. Gegenüber einer solchen Feststellung kann der Arbeitnehmer seine Unkenntnis oder einen ihm unterlaufenen Irrtum nicht einwenden (Zimmermann S. 151).

2. Fall: Dem Arbeitnehmer sind zwar die Steuerabzüge vorschriftsmäßig gemacht worden, er weiß aber, daß diese einbehaltenen Beträge vom Arbeitgeber nicht vorschriftsmäßig verwendet worden sind. Ist ihm dies bekannt, so kann er sich von seiner Haftung dadurch befreien, daß er dem Finanzamt von dieser Kenntnis in angemessener Frist Mitteilung macht.

5. Abgesehen von den zivilrechtlichen Vorschriften sind die Verstöße gegen den Steuerabzug unter schwere Strafen gestellt (§ 53a, §§ 362, 369 AO.; Steuerarchiv 1921 S. 211 ff.).

6. Einer Erwähnung bedarf noch der Fall, daß einem Arbeitnehmer zwar ein Lohnteil in Höhe des vorgeschriebenen Steuerabzuges einbehalten worden ist, dafür aber weder Steuermarken verwendet worden sind, noch der Betrag in bar abgeführt oder überwiesen worden ist und der Arbeitgeber in Konkurs geraten ist. Nach dem derzeitigen Stande der Gesetzgebung wird für die zwar einbehaltenen, aber nicht vorschriftsmäßig verwendeten Beträge das Vorrecht des § 61 Ziffer 2 KO. (Forderungen der Reichskasse wegen öffentlicher Abgaben) in Anspruch genommen werden können. Fraglich kann erscheinen, ob den nicht abgelieferten Beträgen das Vorrecht des § 61 Ziffer 1 a. a. O. einzuräumen sein wird und zwar nicht nur deshalb, weil den Rückständen an Versicherungsbeiträgen durch § 28 Abs. 3 RVO. und durch § 227 Abs. 3 des Versicherungsgesetzes für Angestellte vom 20. Dezember 1911 (Reichs-Gesetzbl. S. 989) ein solches Vorrecht bereits gesetzlich zuerkannt ist, sondern vor allem deshalb, weil die einbehaltenen, aber nicht zur Tilgung der Steuerschuld des Arbeitnehmers verwendeten Beträge wirtschaftlich den in Ziffer 1 des § 61 KO. berechtigten Lohnrückständen gleichstehen.

§ 52a [1]).

Vereinfachte Entscheidung.

Ob und inwieweit im Einzelfalle die Vorschriften der §§ 45 bis 47, 50 und 51 anzuwenden sind, entscheidet auf Anrufen eines der Beteiligten [2]) das Finanzamt. Gegen die Entscheidung des Finanzamts ist nur die Beschwerde an das Landesfinanzamt zulässig [3, 4, 5, 6]).

1. Begr. S. 9: „Schon nach dem geltenden Steuerabzug hat sich das Bedürfnis herausgestellt, in zweifelhaften Fragen eine beschleunigte rechtskräftige Entscheidung herbeizuführen. Als Beispiel kann der Fall angeführt werden, daß zwischen einer Theaterleitung und einem gastierenden Künstler Meinungsverschiedenheiten darüber entstehen, ob das Honorar als Arbeitslohn anzusehen ist. Daher ist im § 52a (wie seither in gewissem Umfange im § 45a Abs. 1 des Gesetzes vom 24. März 1921) vorgesehen, daß in den die vereinfachte Einkommensteuer betreffenden Fragen auf Anruf eines der Beteiligten das Finanzamt entscheidet, gegen dessen Bescheid nur die Beschwerde an das Landesfinanzamt zulässig sein soll. Eine Verletzung berechtigter Interessen der Arbeitnehmer tritt dadurch nicht ein, da es sich nicht um die Frage des materiellen Einkommensteuerrechts, sondern nur darum handelt, ob ein Bezug der vereinfachten Einkommensteuer unterliegt oder zu veranlagen ist." Dementsprechend hat das Gesetz, abgesehen von den Bestimmungen der §§ 48, 49 Abs. 1, im § 52a den Rechtsmittelzug für Streitigkeiten aus §§ 45 bis 47, 50 und 51 neu dahin geregelt, daß wegen solcher Streitigkeiten den Beteiligten nur der in der Entscheidung des Landesfinanzamtes auslaufende Beschwerdeweg eröffnet, die Anrufung des Reichsfinanzhofs durch Rechtsbeschwerde oder weitere Beschwerde ausgeschlossen ist. Mit diesen neuen Bestimmungen wollte der Gesetzgeber den Beteiligten die Herbeiführung einer Entscheidung über die steuerlichen, im Wege des Steuerabzugs zu erfüllenden Verpflichtungen ermöglichen, da in den meisten

Fällen überhaupt keine Feststellung der Steuerpflicht im Veranlagungsverfahren mehr stattfinden soll und es sollen auch für die Fälle, in denen noch Veranlagungen erfolgen, nicht erst hierbei; sondern schon früher Zweifel über die Verpflichtungen durch eine Entscheidung der Steuerbehörde beseitigt werden können.

2. Arbeitgeber oder Arbeitnehmer.

3. Die Beschwerdeentscheidung ist endgültig, aber nur für die Frage, ob und inwieweit der Steuerabzug vorzunehmen ist u. s. w., nicht dagegen ist sie bindend für das Veranlagungsverfahren, soweit ein solches beantragt wird oder durchzuführen ist (Kuhn, Die Einkommensteuer vom Arbeitslohn S. 37 ff.). Gelangt die nach § 52 a vom Finanzamt oder Landesfinanzamt entschiedene Frage z. B. dadurch, daß es zu einer Veranlagung gekommen ist, als Inzidentpunkt in das Rechtsmittelverfahren, so bindet die Entscheidung des Finanzamtes und des Landesfinanzamtes das Finanzgericht und den Reichsfinanzhof nicht (Strutz S. 301, § 80 EStADB.). Zimmermann (S. 153) weist darauf hin, daß die Ausführungen in der Begründung, wonach die nach § 52 a ergehende Entscheidung des Finanzamtes oder des Landesfinanzamts das materielle Einkommensteuerrecht nicht beeinflußt, nur insoweit richtig sind, als nach §§ 48, 49 eine Veranlagung, der die Entscheidung nicht präjudiziert, stattzufinden hat. Hat eine Veranlagung nicht zu erfolgen, so verbleibt es bei der vereinfachten Steuererhebung durch den Steuerabzug, für den die Entscheidung bindend ist. Allein wenn auch ein Arbeitnehmer, dessen Bezug z. B. zweifellos unter § 12 Nr. 11 EStG. fällt, das Finanzamt oder Landesfinanzamt aber diesen Bezug als dem Steuerabzug unterliegend erklärt hat und das Gesamteinkommen 100 000 Mark nicht übersteigt, nach § 49 EStG. Veranlagung mangels des Vorliegens der dort bezeichneten Voraussetzungen aus dem Grunde, daß der Einkommensbezug zu Unrecht als Arbeitslohn erklärt worden ist, nicht verlangen kann, so wird gleichwohl eine Veranlagung aus § 48 EStG. von dem Finanzamt vorgenommen werden können, da durch die Fassung des § 48 Abs. 1 „bedarf es einer Veranlagung nicht", die Zulässigkeit einer Veranlagung nicht ausgeschlossen ist. Eine solche wird das Finanzamt in derartigen Fällen entweder von sich aus oder auf Anweisung stets vorzunehmen haben. Daß im übrigen künftighin Fälle in größerer Zahl eintreten können, in denen durch Entscheidungen des Finanzamts oder des Landesfinanzamts nach § 52 a das materielle Einkommensteuerrecht beeinflußt wird, ist mit dem Fortschreiten der Rechtsprechung und der Klärung von Zweifelsfragen im Wege der Anweisung kaum anzunehmen.

4. Die Entscheidung des Finanzamtes oder des Landesfinanzamtes aus § 52 a erstreckt sich nur darauf, ob und inwieweit im Einzelfalle die Vorschriften der §§ 45 bis 47, 50 und 51 anzuwenden sind, nicht dagegen fällt die Entscheidung darüber, ob der Pflichtige nach § 49 berechtigt ist, eine Veranlagung zu verlangen, unter § 52 a, wird vielmehr gemäß §§ 218, 223 der Reichsabgabenordnung anfechtbar sein. Gegen den Bescheid, durch den der Arbeitgeber oder Arbeitnehmer auf Grund des § 52 haftbar gemacht wird, stehen dem Inanspruchgenommenen die Rechtsmittel im Berufungsverfahren (§ 218 AO.) zu (Zimmermann S. 155).

5. Arbeitgeber und Arbeitnehmer, die sich nicht an die Entscheidung des Finanzamtes oder des Landesfinanzamtes aus § 52 a halten, machen sich nach § 53 a strafbar.

6. Die Beschwerde an das Landesfinanzamt ist innerhalb eines Monats (§ 230 AO.) bei dem Finanzamt (§ 234 Abs. 1 AO.) schriftlich einzureichen oder zu Protokoll zu erklären. Das Finanzamt kann der Beschwerde abhelfen, will es der Beschwerde nicht abhelfen, so hat es die Beschwerde dem Landesfinanzamt vorzulegen, das endgültig entscheidet (§§ 281 ff. AO.).

§ 52 b [1]).

Steuergrundlagen.

Soweit nach gesetzlicher Vorschrift die Veranlagung zur Einkommensteuer als Grundlage für Besteuerungsrechte von Körperschaften des öffentlichen Rechtes [2]) zugelassen ist und die auf den Arbeitslohn entfallende Einkommensteuer nach den Vorschriften dieses Gesetzes nicht veranlagt wird, gelten die nach § 46 einbehaltenen und gemäß § 51 vorschriftsmäßig verwendeten oder abgeführten Beträge als veranlagt [3]).

1. Die Vorschrift des § 52 b will den Schwierigkeiten begegnen, die bei dem Wegfalle der Veranlagung durch den dadurch bedingten Wegfall der „bürgerlichen Steuerliste" im Sinne des Art. 137 Abs. 6 der Reichsverfassung bei der Erhebung der Kirchensteuern bei den Lohn- und Gehaltsempfängern entstehen können (Ausschußber. S. 5).

2. Neben den die Rechte von Körperschaften des öffentlichen Rechts besitzenden Religionsgesellschaften oder den Religionsgesellschaften, denen nach Art. 137 Abs. 5 S. 2 der Reichsverfassung Körperschaftsrechte verliehen werden, auch andere nach Landesrecht die Rechte von Körperschaften öffentlichen Rechts besitzende Verbände, wie Handels-, Handwerks-, Landwirtschaftskammern (vgl. Zimmermann S. 156, Strutz S. 302).

3. § 78 EStADB.

§ 52 c [1]).

Kontrollmaßnahmen.

Die Träger der Reichsversicherung nach der Reichsversicherungsordnung [2]) **und die Träger der Versicherung nach dem Versicherungsgesetz für Angestellte** [3]) haben den Finanzbehörden jede zur Durchführung der §§ 45 bis 52 und der den Finanzämtern obliegenden Prüfung und Aufsicht dienliche Hilfe zu leisten [4]). Insoweit finden die Vorschriften des § 142 der Reichsversicherungsordnung [5]) **und des § 350 des Versicherungsgesetzes für Angestellte** keine Anwendung.

1. Durch die Vorschrift soll erreicht werden, daß die Organisation der Kontrollmaßnahmen, wie sie bereits bei den verschiedenen Zweigen der Sozialversicherung besteht, auf das Steuerabzugsverfahren unter Ausschluß verschiedener bisheriger Zweifelspunkte ausgedehnt werden kann (Ausschußbericht S. 5).

2. Solche sind nach § 3 RVO., soweit dieses Gesetz nichts anderes vorschreibt,

für die Krankenversicherung die Krankenkassen,
für die Unfallversicherung die Berufsgenossenschaften,
für die Invaliden- und Hinterbliebenenversicherung die Versicherungsanstalten.

3. Eingefügt durch das Gesetz vom 20. Juli 1921, als solche kommen in Betracht gemäß § 96 des Versicherungsgesetzes für Angestellte die Reichsversicherungsanstalt für Angestellte.

4. Die unentgeltliche Hilfeleistung wird in der Hauptsache in der Unterstützung der Finanzämter hinsichtlich der Außenkontrolle des Steuerabzuges durch die Außenkontrollbeamten der Versicherungsträger zu bestehen haben (§§ 61 mit 63 und 65 EStADB.). Die im § 65 Abs. 2 EStADB. vorgesehenen näheren Bestimmungen über die Zusammenarbeit der Finanzämter mit den Trägern der Reichsversicherung sind bezüglich der als Träger der Versicherung für die Invaliden- und Hinterbliebenenversicherung in Betracht kommenden Versicherungsanstalten von den Landesfinanzämtern in direktem Benehmen mit den Landesversicherungsanstalten zu treffen (Erl. RFM. vom 14. April 1922 III E 5301). Die in den §§ 62, 63 EStADB. den Arbeitgebern und Arbeitnehmern auferlegten Verpflichtungen gegenüber den Kontrollbeamten der Finanzämter (Gestattung des Betretens der Geschäftsräume, der Einsichtnahme in die Steuerbücher, Lohnbücher, die sonst vorhandenen Aufzeichnungen, Geschäftsbücher und Unterlagen, Auskunftspflicht) gelten in gleicher Weise auch gegenüber den Kontrollbeamten der Sozialversicherung.

5. § 142 RVO. verpflichtet die Organe der Versicherungsträger unter Strafandrohung zur Geheimhaltung der ihnen in amtlicher Eigenschaft, also bei Ausübung ihrer Berufspflicht bekannt gewordenen Geschäfts- oder Betriebsgeheimnisse. Da Zweifel bestehen konnten, ob trotz der Vorschrift der §§ 191, 192 AO. und wegen der über den Rahmen dieser Bestimmung hinausgehenden erweiterten Hilfepflicht die Vorschrift des § 142 RVO. hindernd im Wege steht, ist die obige Vorschrift aufgenommen worden.

§ 52 d.

Ausführungsanordnungen.

Die zur Durchführung der §§ 45 bis 52 c erforderlichen Anordnungen trifft der Reichsminister der Finanzen[1, 2, 3]).

1. Ohne Mitwirkung des Reichsrats.

2. Die Durchführungsbestimmungen sind unter dem 3./22. Dezember 1921 und 21. Juli 1922 erlassen worden (Zentralblatt 1921 S. 913, 1922 S. 8 und 430), sie sind mit dem 1. Januar 1922 in Kraft getreten (s. Anhang).

3. Verfehlungen gegen die Durchführungsbestimmungen unterliegen der Bestrafung nach § 53 a EStG.

Durchführungsbestimmungen zum Gesetz über die Einkommensteuer vom Arbeitslohn vom 11. Juli 1921 (EStADB.)

(Zentralblatt für das Deutsche Reich 1921 S. 913 und 1922 S. 8, 430.)

I. Der Arbeitslohn (§§ 1 bis 6).

§ 1.

(1) Als **Arbeitslohn** im Sinne der Vorschriften über die Einkommensteuer vom Arbeitslohne gilt der **Gesamtbetrag** der Einkünfte, die in **öffentlichem** oder **privatem Dienste** beschäftigte oder **angestellte Personen** aus dieser Beschäftigung oder Anstellung beziehen. **Einkünfte** sind alle in Geld bestehenden Einnahmen und alle Geldwert besitzenden **Einnahmevorteile** ohne Rücksicht auf die Bezeichnung oder Form, unter der sie gewährt werden.

Die nachstehend abgedruckten Durchführungsbestimmungen stellen die Durchführungsbestimmungen vom 3. Dezember 1921 (Zentralblatt für das Deutsche Reich S. 913) unter Berücksichtigung der durch die Verordnungen vom 22. Dezember 1922 (Zentralblatt für das Deutsche Reich S. 8) und vom 21. Juli 1922 (Zentralblatt für das Deutsche Reich S. 430) eingetretenen Änderungen dar. Die Bezugnahme auf die Erläuterungen im Hauptteil sind den einzelnen Paragraphen angefügt.

(2) Zum Arbeitslohne gehören insbesondere **Gehälter, Besoldungen, Löhne, Tantiemen, Gratifikationen** oder unter sonstiger Benennung gewährte **Bezüge.** Zum Arbeitslohne gehören ferner **Wartegelder, Ruhegehälter, Witwen- und Waisenpensionen** und andere Bezüge oder **geldwerte Vorteile für frühere Dienstleistung** oder Berufstätigkeit sowie **Zuwendungen,** die mit Rücksicht auf eine frühere Dienstleistung oder Berufstätigkeit an Stelle von Pensionsansprüchen gewährt werden und den Charakter von **Pensionen,** Witwen- oder Waisengeldern haben.

(3) Zu den Geldwert besitzenden Einnahmevorteilen gehören insbesondere der Bezug von **freier Kleidung, freier Wohnung, freier Verpflegung, Deputaten** und sonstigen an Stelle des Arbeitslohns oder neben im gewährten **Natural- oder Sachbezügen.** — S. § 45 Abs. 2 und die Anm. hierzu. —

§ 2.

(1) Den bei der Einbehaltung des Betrags von 10 vom Hundert des Arbeitslohns zu berücksichtigenden **Wert der geldwerten Vorteile** hat das Landesfinanzamt für seinen Bezirk nach Benehmen mit den benachbarten Landesfinanzämtern und mit den **beruflichen** und **Fachvereinigungen** der **Arbeitgeber und Arbeitnehmer** auf Grund der **ortsüblichen Mittelpreise** unter billiger Veranschlagung etwaiger **besonderer örtlicher Verhältnisse** festzustellen und bekanntzugeben. Vor der **Festsetzung** sollen die **Versicherungsämter** (Versicherungsanstalten) gehört werden. Soweit ein Bedürfnis besteht, kann das Landesfinanzamt das Finanzamt mit der Festsetzung beauftragen. — S. Anm. 10 b zu § 45. —

(2) Die bisher erfolgten **Wertfestsetzungen** können auch fernerhin zugrunde gelegt werden, eine **Neufestsetzung** hat zu erfolgen, wenn die Wertfestsetzungen den Verhältnissen nicht mehr entsprechen.

§ 3.

Dem Steuerabzuge sind insbesondere auch unterworfen die **besonderen Entlohnungen** für Arbeiten, die über die für den Betrieb regelmäßige Arbeitszeit hinaus geleistet werden, demnach alle besonderen Entlohnungen für **Überstunden, Überschichten, Sonntagsarbeit** und für sonstige **über die regelmäßige Arbeitszeit hinausgehende Arbeitsleistungen** sowie **Zuschläge,** die **wegen Überarbeit** nach Tarif oder sonstigen Vereinbarungen gewährt werden. Das gleiche gilt für die Entlohnungen für **Nebenämter** und **Nebenbeschäftigungen.** — S. Anm. 10 a 9 zu § 45. —

§ 4.

(1) Zum **Arbeitslohne** gehören nicht **Entgelte für Lieferungen** und sonstige Leistungen, die jemand innerhalb der von ihm selbständig ausgeübten **gewerblichen Tätigkeit** im Inland gegen Entgelt ausführt.

(2) **Selbständigkeit** liegt dann nicht vor, wenn der Leistende nicht sowohl die Leistung als vielmehr seine Arbeitskraft schuldet, d. h. persönlich auf Grund eines **Arbeits- oder Dienstvertrags** zu einem Beamten, Angestellten, Arbeiter im Unternehmen eines anderen wird. **Unselbständigkeit** ist insbesondere dann gegeben, wenn die Tätigkeit im wirtschaftlichen Organismus so ausgeübt wird, daß die tätige Person in der Betätigung ihres geschäftlichen Willens unter der Leitung des Unternehmers steht oder wenn jemand im geschäftlichen Organismus des Unternehmens eines anderen dessen Weisungen zu folgen verpflichtet ist. — Anm. 14 zu § 45. —

§ 5.

(1) Bei **Feststellung des Arbeitslohns**, von dem der Betrag von 10 vom Hundert einzubehalten ist, bleibt die den **Reichs-, Staats-** und **Gemeindebeamten, Geistlichen, Kirchenbeamten, Lehrern** an öffentlichen Unterrichtsanstalten und **Militärpersonen** zur Bestreitung des **Dienstaufwandes** gewährte Entschädigung oder der hierzu nach ausdrücklicher Anordnung bestimmte Teil des Gehalts oder einer etwaigen **Zulage** außer Ansatz.

(2) Von den aus **öffentlichen Kassen** gewährten **Aufwandsentschädigungen, Tagegeldern** und **Reisekosten** findet ein **Steuerabzug** nicht statt.

(3) Die **Entschädigungen,** die den in **privaten Dienst-** oder Auftragsverhältnissen stehenden Personen nach ausdrücklicher Vereinbarung zur Bestreitung des durch den Dienst oder Auftrag veranlaßten **Aufwandes** gewährt werden, bleiben bei Feststellung des einzubehaltenden Betrags insoweit außer Ansatz, als ihre Beträge den erforderlichen Aufwand nicht übersteigen. Die über den erforderlichen Aufwand hinausgehenden Beträge unterliegen dem Steuerabzuge. — Anm. 23 zu § 46 Abs. 5. —

§ 6.

Als **Arbeitslohn** gelten insbesondere nicht:

1. die auf Grund der Militärpensions- und -versorgungsgesetze bezogenen **Verstümmelungs-, Kriegs-, Luftdienst-, Alters-** und **Tropenzulagen, Pensions-** und **Rentenerhöhungen, Pflegezulagen** und **Schwerbeschädigtenzulagen** mit den entsprechenden **Ausgleichs-, Orts-** und **Teuerungszulagen nebst Teuerungszuschüssen**, ferner die auf Grund des Kolonialbeamtengesetzes vom 8. Juni 1910 (Reichs-Gesetzbl. S. 881) bezogenen **Tropenzulagen** (§ 12 Nr. 6 EStG.);
2. sonstige nach der **Minderung der Erwerbsfähigkeit** bemessene **Versorgungsgebührnisse,** die auf Grund einer **infolge eines Krieges erlittenen Dienstbeschädigung** bezogen werden, sowie die **Kriegsversorgung der Militärhinterbliebenen,** ferner die **Versorgungsgebührnisse** nach dem **Reichsversorgungsgesetze** vom 12. Mai 1920 (Reichs-Gesetzbl. S. 989), dem Reichsgesetz über die durch **innere Unruhen** verursachten **Schäden** vom 12. Mai 1920 (Reichs-Gesetzbl. S. 941) und den durch § 14 des genannten Gesetzes aufrechterhaltenen landesgesetzlichen Vorschriften (§ 12 Nr. 7 EStG.);
3. die **Naturalbezüge** der **Angehörigen der Wehrmacht** (**Reichswehr** und **Reichsmarine**) (§ 12 Nr. 9 EStG.). Als Naturalbezüge der Angehörigen der Wehrmacht gelten gemäß § 19 des Besoldungsgesetzes vom 30. April 1920 (Reichs-Gesetzbl. S. 805):
   a) **Dienstbekleidung**, in der Marine Dienstbekleidung oder **Kleidergeld der Mannschaften** und **Unteroffiziere,**

Zu § 6 Nr. 1: Da zu den in Nr. 1 erwähnten Gebührnissen neuerdings Teuerungszuschüsse gewährt werden, sind durch Artikel Nr. 1a des Abänderungsgesetzes vom 20. Juli 1922 hinter dem Wort „Teuerungszulagen" mit Wirkung vom 1. Januar 1922 die Worte „nebst Teuerungszuschüssen" eingefügt worden.

Zu § 6 Nr. 2: Die in Nr. 2 bezeichneten Gebührnisse waren nach § 12 Nr. 7 EStG. in der bisherigen Fassung nur dann steuerfrei, wenn sie mit in Nr. 1 (§ 12 Nr. 6 EStG. in der bisherigen Fassung) erwähnten Gebührnissen den Betrag von 8000 Mark nicht übersteigen. Durch Artikel I Nr. 1b des Abänderungsgesetzes vom 20. Juli 1922 sind die in § 12 Nr. 7 bezeichneten Gebührnisse nunmehr mit Wirkung vom 1. Januar 1922 ohne Rücksicht auf ihre Höhe steuerfrei.

b) bei **Deckoffizieren** und **Offizieren** bis zur Besoldungsgruppe XIII einschließlich **(Oberst, Kapitän zur See, Generalarzt, Generalveterinär)** und bei **Beamten der Wehrmacht,** die wie Offiziere zum dauernden Tragen der **Dienstbekleidung** verpflichtet sind, die **Entschädigung für besondere Abnutzung der Dienstbekleidung,**

c) der **Geldwert** der **freien ärztlichen Behandlung** oder der **freien Krankenhauspflege** und des freien **Gebrauchs von Heil-** und **Kurmitteln** für Angehörige der Wehrmacht **bis** zur Besoldungsgruppe XIII und der **freien ärztlichen Behandlung ihrer Ehefrauen** und **Kinder** durch den **Truppen-** oder **Garnisonarzt;**

4. die mit deutschen **Kriegsdekorationen** verbundenen **Ehrensolde** (§ 12 Nr. 9 EStG.);
5. **Bezüge** des Steuerpflichtigen **aus einer Krankenversicherung** (§ 12 Nr. 10 EStG.);
6. **Bezüge aus öffentlichen Mitteln** oder **aus Mitteln einer öffentlichen Stiftung,** die als **Unterstützungen wegen Hilfsbedürftigkeit** oder als **Unterstützungen für Zwecke der Erziehung** oder **Ausbildung, der Wissenschaft** oder **Kunst** bewilligt sind (§ 12 Nr. 11 EStG.). — Anm. 3 und 13 zu § 45. —

II. Berechnung des Steuerabzuges (§§ 7 bis 18).

§ 7.

(1) **Der von dem Arbeitslohn einzubehaltende Betrag von 10 vom Hundert ermäßigt sich für den Steuerpflichtigen selbst**

a) **im Falle der Zahlung des Arbeitslohns für volle Monate um 40 Mark monatlich,**

b) **im Falle der Zahlung des Arbeitslohns für volle Wochen um 9,60 Mark wöchentlich,**

c) **im Falle der Zahlung des Arbeitslohns für volle Arbeitstage um 1,60 Mark täglich,**

d) **im Falle der Zahlung des Arbeitslohns für kürzere Zeiträume um 0,40 Mark für je 2 angefangene oder volle Arbeitsstunden.**

(2) **Der von dem Arbeitslohn einzubehaltende Betrag von 10 vom Hundert ermäßigt sich für die zu der Haushaltung des Steuerpflichtigen zählende Ehefrau**

a) **im Falle der Zahlung des Arbeitslohns für volle Monate um 40 Mark monatlich,**

b) **im Falle der Zahlung des Arbeitslohns für volle Wochen um 9,60 Mark wöchentlich,**

c) **im Falle der Zahlung des Arbeitslohns für volle Arbeitstage um 1,60 Mark täglich,**

d) **im Falle der Zahlung des Arbeitslohns für kürzere Zeiträume um 0,40 Mark für je 2 angefangene oder volle Arbeitsstunden.**

(3) **Der Betrag von 10 vom Hundert des Arbeitslohns ermäßigt sich ferner für jedes zur Haushaltung des Steuerpflichtigen zählende minderjährige Kind, soweit sich nicht aus Abs. 5 etwas anderes ergibt,**

a) **im Falle der Zahlung des Arbeitslohns für volle Monate um 80 Mark monatlich,**

b) **im Falle der Zahlung des Arbeitslohns für volle Wochen um 19,20 Mark wöchentlich,**

c) **im Falle der Zahlung des Arbeitslohns für volle Arbeitstage um 3,20 Mark täglich,**

d) **im Falle der Zahlung des Arbeitslohns für kürzere Zeiträume um 0,80 Mark für je 2 angefangene oder volle Arbeitsstunden.**

(4) **Der Betrag von 10 vom Hundert des Arbeitslohns ermäßigt sich weiter zur Abgeltung der nach § 13 Abs. 1 Nr. 1 bis 7 EStG. zulässigen Abzüge für den Steuerpflichtigen selbst**

a) **im Falle der Zahlung des Arbeitslohns für volle Monate um 90 Mark monatlich,**

b) **im Falle der Zahlung des Arbeitslohns für volle Wochen um 21,60 Mark wöchentlich,**

c) **im Falle der Zahlung des Arbeitslohns für volle Arbeitstage um 3,60 Mark täglich,**

d) **im Falle der Zahlung des Arbeitslohns für kürzere Zeiträume um 0,90 Mark für je 2 angefangene oder volle Arbeitsstunden.**

(5) Für **minderjährige,** zur **Haushaltung des Steuerpflichtigen** zählende Kinder **im Alter von mehr als 17 Jahren,** die **eigenes Arbeitseinkommen** beziehen, tritt eine Ermäßigung des von dem Arbeitslohne des steuerpflichtigen Haushaltungsvorstandes einzubehaltenden Betrags von 10 vom Hundert um die im Abs. 3 bezeichneten Beträge nicht ein. — S. Anm. 10 bis 13 und 15 bis 17 zu § 45. —

Zu § 7 Abs. 1 bis 4: Diese oben aufgeführten Ermäßigungssätze treten am 1. August 1922 mit der Maßgabe in Kraft, daß sie bei jeder Lohnzahlung für den in der Zeit nach dem 31. Juli 1922 gezahlten und nach dem 31. Juli 1922 fällig gewordenen Arbeitslohn eintreten. Für die Zeit vor dem 1. August 1922 für einen bis zu diesen Zeitpunkt fällig gewordenen Arbeitslohn finden die Ermäßigungssätze des Gesetzes vom 20. Dezember 1921 Anwendung. (S. Art. III Abs. 2 des Abänderungsgesetzes vom 20. Juli 1922 und Erlaß RFM. vom 17. Juli 1922 III E 11857, im Anhang auszugsweise abgedruckt, und § 83b EStADB.

§ 8.

Gestrichen.

§ 9.

Ist der **Arbeitnehmer** während einer **Lohnzahlungsperiode** bei einem Arbeitgeber **regelmäßig beschäftigt,** so wird die Gewährung der **für die Lohnzahlungsperiode vorgesehenen Ermäßigung** bis zum **Ablauf des Arbeitsverhältnisses** nicht dadurch ausgeschlossen, daß er für einen **Teil der Lohnzahlungsperiode keinen Lohn bezogen hat.** — S. Anm. 14 zu § 46. —

§ 10.

Die zur Haushaltung zählende **Ehefrau** des Arbeitnehmers (§ 7 Abs. 2) wird auch dann bei dem Ehemanne berücksichtigt, wenn sie **Arbeitslohn** bezieht und daher ihrerseits Anspruch auf **Ermäßigung** des von ihrem Arbeitslohn einzubehaltenden Betrags von 10 vom Hundert gemäß § 7 Abs. 1 und 4 hat. — S. Anm. 12 zu § 46. —

§ 11.

Die zur Haushaltung des steuerpflichtigen **Haushaltungsvorstandes** zählenden **minderjährigen Kinder** im **Alter von nicht mehr als 17 Jahren** werden bei dem steuerpflichtigen Haushaltungsvorstand auch dann berücksichtigt, wenn sie Arbeitslohn beziehen. Daneben haben diese Kinder selbst Anspruch auf **Ermäßigung** des von ihrem Arbeitslohn einzubehaltenden Betrags von 10 vom Hundert gemäß § 7 Abs. 1 und 4. — S. Anm. 16 zu § 46. —

§ 12.

(1) Als **Kinder** im Sinne des § 7 Abs. 3 gelten neben den Abkömmlingen des Haushaltungsvorstandes die zu seiner Haushaltung zählenden **minderjährigen Stief-, Schwieger-, Adoptiv-** und **Pflegekinder** sowie deren **Abkömmlinge.**

(2) Zur **Haushaltung** eines Arbeitnehmers zählen minderjährige Kinder, wenn sie bei **einheitlicher Wirtschaftsführung** unter Leitung des Arbeitnehmers dessen Wohnung teilen oder sich in **wirtschaftlicher Abhängigkeit** von dem Arbeitnehmer **außerhalb dessen Wohnung** mit seiner Einwilligung zum **Zwecke der Erziehung** oder des Unterrichts **(Lehre)** aufhalten. Leben beide Ehegatten zusammen, so zählen die Kinder als zum **Haushalt des Ehemannes** gehörig; bei der **Ehefrau** können in diesem Falle die **Kinder nicht berücksichtigt werden,** es sei denn, daß auf Grund des § 47 EStG. eine solche Berücksichtigung von dem Finanzamt zugelassen wird.

(3) Ist der Ehemann gestorben, so kann bei der **Ehefrau die Ermäßigung für die minderjährigen Kinder** eintreten, wenn sie zur **Haushaltung der Ehefrau** zählen. Das gleiche gilt, wenn **bei getrennter Haushaltung** der Ehegatten die minderjährigen Kinder zur Haushaltung der Ehefrau zählen. In diesem Falle kommt die **Ermäßigung** für die minderjährigen Kinder **bei dem Ehemann** nur im Falle des § 47 EStG. in Betracht. — S. Anm. 16 zu § 46. —

Zu § 12: S. Anm. 5 zu § 47.

§ 13.

(1) Wird der Arbeitslohn nicht für eine bestimmte **Arbeitszeit gezahlt,** so tritt an die Stelle der Ermäßigungen nach § 7 Abs. 1 bis 4 eine feste **Ermäßigung von fünf vom Hundert** des Arbeitslohns. Der **Steuerabzug** beträgt in diesem Falle **fünf** vom Hundert des Arbeitslohns.

(2) Der Arbeitgeber entscheidet, ob die Voraussetzungen des Abs. 1 vorliegen. Einigen sich Arbeitgeber und Arbeitnehmer nicht, so ist die **Entscheidung** des für den Arbeitgeber zuständigen **Finanzamts** gemäß § 52 a EStG. anzurufen.

(3) Werden neben **Löhnen,** die nicht **für eine bestimmte Arbeitszeit** gezahlt werden, feste Löhne gezahlt, so sind die Ermäßigungen nach § 7 Abs. 1 bis 4 von dem Betrage vorzunehmen, der von den festen Löhnen einzubehalten ist; **von den Löhnen, die nicht für eine bestimmte Arbeitszeit gezahlt werden,** sind dann 10 vom Hundert **ohne Berücksichtigung der Ermäßigungen** einzubehalten. — S. Anm. 25 zu § 46. —

Zu § 13 Abs. 1: Während nach dem Gesetz vom 20. Dezember 1921 in den Fällen, in denen der Arbeitslohn nicht für eine bestimmte Arbeitszeit gezahlt wird, an die Stelle der Ermäßigungen nach § 7 Abs 1 bis 4 eine feste Ermäßigung von 4 vom Hundert des Arbeitslohns trat und der Steuerabzug infolgedessen 6 vom Hundert des Arbeitslohns betrug, beträgt nunmehr vom 1. August 1922 ab (Art. III Abs 2 des Abänderungsgesetzes vom 20. Juli 1922) die feste Ermäßigung fünf vom Hundert und infolgedessen der Steuerabzug auch fünf vom Hundert.

§ 14.

Bezieht ein Arbeitnehmer **neben seinen laufenden Bezügen sonstige,** insbesondere **einmalige Einnahmen (Tantiemen, Gratifikationen** oder ähnliche einmalige Einnahmen), so ist von diesen Einnahmen ein Betrag von 10 vom Hundert **ohne Berücksichtigung der** im § 7 Abs. 1 bis 4 **vorgesehenen Ermäßigungen** einzubehalten. — S. Anm. 22 zu § 46. —

§ 15.

Der **einheitliche Betrag** von 10 vom Hundert des Arbeitslohns unter Berücksichtigung der Ermäßigungen nach § 7 Abs. 1 bis 4 wird bei allen Arbeitslöhnen einbehalten, auch soweit sie den Betrag von **100 000 Mark jährlich überschreiten.** — S. Anm. 5 und 9 zu § 46. —

§ 16.

Bei den im § 2 Nr. I Abs. 2 EStG. genannten Personen sowie bei Personen, die mit ihrem Einkommen aus einer im Inland ausgeübten Erwerbstätigkeit oder mit solchen regelmäßig wiederkehrenden Bezügen oder Unterstützungen, die aus inländischen öffentlichen Kassen mit Rücksicht auf eine gegenwärtige oder frühere Dienstleistung oder Berufstätigkeit gewährt werden, nach § 2 Nr. II EStG. **beschränkt steuerpflichtig** sind, **können die Bestimmungen der §§ 13 Abs. 2, 27 und 28 EStG. bereits beim Steuerabzug berücksichtigt werden.** — S. Anm. 9 zu § 46 und § 27 Nr. 3 EStADB. —

§ 17.

(1) Bei Auszahlung des Lohnes oder Gehalts aus einer **öffentlichen Kasse** hat diese die Rechte und Pflichten des Arbeitgebers im Sinne dieser Bestimmungen.

(2) Erfolgt die Auszahlung nicht durch den Arbeitgeber selbst, so gilt die auszahlende **Kasse als Arbeitgeber** im Sinne dieser Bestimmungen. — S. Anm. 1 zu § 46. —

§ 18.

Der nach Vornahme der Ermäßigungen nach § 7 Abs. 1 bis 4 einzubehaltende Betrag ist im Falle der Zahlung des Arbeitslohns für volle **Monate** oder **Wochen** auf volle Mark, im Falle der Zahlung des Arbeitslohns für volle Arbeitstage auf volle 50 Pfennig und im Falle der Zahlung des Arbeitslohns für kürzere Zeiträume und im Falle des § 13 auf zehn Pfennig nach unten **abzurunden.**

II. Ausstellung der Steuerbücher (§§ 19 bis 29).

§ 19.

(1) Jeder Arbeitnehmer ist verpflichtet, sich von der Gemeindebehörde seines Wohn- oder gewöhnlichen Aufenthaltsortes ein Steuerbuch ausstellen zu lassen, und zwar

a) vor Beginn eines jeden Kalenderjahrs,
b) wenn er sich vor Beginn eines Kalenderjahrs kein Steuerbuch hat ausstellen lassen, vor Beginn eines Dienst- oder Arbeitsverhältnisses in diesem Kalenderjahre.

(2) Der Arbeitnehmer hat dafür zu sorgen, daß das Steuerbuch rechtzeitig in seinen Besitz gelangt. Falls ihm das Steuerbuch nicht gemäß § 25 Abs. 2 zugeht, ist er verpflichtet, es bei der Gemeindebehörde, die es ausgestellt hat, abzuholen. — S. Anm. 2 und 3 zu § 50. —

§ 20.

Die Gemeindebehörde ist verpflichtet, die Steuerbücher auszustellen
a) für die in dem Personenverzeichnis aufgeführten Arbeitnehmer,
b) auf Antrag für die Arbeitnehmer, die in dem Gemeindebezirk ihren Wohnsitz oder gewöhnlichen Aufenthalt haben. — S. Anm. 2 und 3 zu § 50. —

§ 21.

(1) Die Gemeindebehörde hat, soweit im nachstehenden nichts anderes bestimmt ist, auf Grund des Ergebnisses der Personenstandsaufnahme gleichzeitig mit der Anlegung des Personenverzeichnisses bezw. der Hauptsteuerliste (§§ 19 und 26 Abs. 3 und Muster 3 der EStAB.) für sämtliche im Zeitpunkt der Personenstandsaufnahme in ihrem Bezirke wohnhaften oder sich aufhaltenden Arbeitnehmer, gleichgültig, ob diese im Zeitpunkt der Personenstandsaufnahme in einem Arbeitsverhältnisse stehen oder nicht, und ob der Steuerabzug durch Verwendung von Steuermarken, durch Barabführung oder Überweisung bewirkt werden soll, die Steuerbücher (Muster 1) mit Wirkung für das folgende Kalenderjahr auszuschreiben (Ausfüllung der Umschläge). Sie hat hierbei nach Maßgabe des Vordrucks des Steuerbuchs auf der Vorderseite den Familienstand des Arbeitnehmers zu bescheinigen und nach Einsetzung der einzelnen Ermäßigungen die Jahresgesamtermäßigung festzustellen. Im Falle der §§ 18 Abs. 5, 20 Abs. 1 Nr. 2 EStAB. sind die Steuerbücher an Hand des auf den neuesten Stand fortgeführten Personenverzeichnisses auszuschreiben.

(2) Maßgebend für die Bemessung der Ermäßigungen, die in einem Kalenderjahre nach dem Familienstande (§ 46 Abs. 2 Nr. 1, 2 EStG.) zu bewilligen sind, ist der Stand am 1. Oktober des diesem Kalenderjahre vorausgehenden Jahres. Setzt der Reichsminister der Finanzen gemäß § 17 EStAB. einen andern Stichtag für die Personenstandsaufnahme fest, so ist dieser Stichtag für die Bemessung der Ermäßigungen, die nach dem Familienstande zu bewilligen sind, maßgebend.

(3) In die Steuerbücher sind je 2 lose Einlagebogen für die von dem Arbeitgeber zu verwendenden Steuermarken einzulegen. — S. Anm. 21 zu § 46, die Einlagebogen werden ebenso wie die Steuerbücher den Arbeitgebern unentgeltlich geliefert. —

§ 22.

(1) Die auf der Vorderseite des Umschlags des Steuerbuchs festgesetzte Jahresgesamtermäßigung überträgt die Gemeindebehörde in das Personenverzeichnis in Spalte 9 (Bemerkungen der Gemeindebehörde), z. B. „Jahresgesamtermäßigung laut Steuerbuch 780 Mark".

(2) Die Steuerbücher sind von den Gemeindebehörden mit den gleichen Nummern zu versehen, unter denen die Steuerpflichtigen in dem Personenverzeichnis in Spalte 1 eingetragen sind. Zum Zeichen dafür, daß für einen Steuerpflichtigen ein Steuerbuch ausgestellt ist, ist in der Spalte 1 des Personenverzeichnisses unter der Nummer der Vermerk „St.B." (Steuerbuch) einzutragen.

(3) Der Gebrauch von Typenstempeln ist bei diesen Eintragungen zulässig.

§ 23.

Die Gemeindebehörde kann einem Arbeitnehmer, der bei mehreren Arbeitgebern gleichzeitig beschäftigt ist, ein zweites oder ferneres Steuerbuch ohne Einsetzung von Ermäßigungen ausstellen. Der für die Ermäßigung auf dem Steuerbuch vorgesehene Raum ist in diesem Falle zu durchstreichen. — S. Anm. 4 zu § 50. —

§ 24.

Stellen die Gemeindebehörden gemäß § 20 Abs. 1 Nr. 4 EStAB. an Stelle des Personenverzeichnisses die Hauptsteuerliste auf, so erhält das Steuerbuch die gleiche Nummer wie in der Hauptsteuerliste; in Spalte 1 der Liste ist unter der Nummer der Vermerk „St.B." (Steuerbuch) und in Spalte 26 die Jahresgesamtermäßigung einzutragen.

§ 25.

(1) Die Steuerbücher sind so rechtzeitig auszustellen, daß sie sich bis zum 15. Dezember in dem Besitz der Steuerpflichtigen befinden können.

(2) Die Gemeindebehörden können die Steuerbücher sofort nach der Ausstellung an Hand der Wohnungslisten durch ihr Außendienstpersonal oder durch die Post den Arbeitnehmern zustellen. Sie können auch den Arbeitgebern auf deren Antrag die Aushändigung der Bücher an ihre Arbeitnehmer überlassen: in diesem Falle haben die Arbeitgeber dem Antrag eine Liste ihrer Arbeitnehmer beizufügen.

(3) Die Gemeindebehörden haben, sobald die Ausstellung der Steuerbücher beendet ist, dies öffentlich bekanntzumachen. In der öffentlichen Bekanntmachung ist anzugeben, ob die Steuerbücher abzuholen sind oder gemäß Abs. 2 den Steuerpflichtigen übermittelt werden. — S. Anm. 3 zu § 50. —

§ 26.

(1) Wird ein Steuerbuch ausgeschrieben, nachdem die Gemeindebehörde das Personenverzeichnis an das Finanzamt abgeliefert hat, so ist das ausgeschriebene Steuerbuch dem Finanzamt zu übersenden, das es mit der Nummer des Personenverzeichnisses versieht und es alsdann der Gemeindebehörde zur Aushändigung an den Arbeitnehmer zurückgibt. Ist der Arbeitnehmer noch nicht in dem Personenverzeichnis aufgeführt, so ist er zunächst darin von dem Finanzamt nachzutragen. Entsprechendes gilt, wenn die Gemeindebehörde die Hauptsteuerliste aufgestellt (§ 24) und sie an das Finanzamt abgeliefert hat.

(2) Über die sämtlichen ausgeschriebenen Steuerbücher hat die Gemeindebehörde ein Verzeichnis zu führen, das folgende Spalten enthalten muß:

1. laufende Nummer,
2. Name, Stand, Wohnort (Wohnung des Arbeitnehmers),
3. Gesamtbetrag der Ermäßigungen,
4. Bemerkungen.

§ 27.

(1) An Stelle der Gemeindebehörde obliegt die Verpflichtung zur Ausstellung der Steuerbücher.

1. **den Truppenteilen und Wehrmachtsbehörden für die in Standorten untergebrachten Angehörigen der Wehrmacht, soweit sie in Dienstgebäuden wohnen oder untergebracht sind, die im Eigentum oder der Verwaltung der Wehrmachtsverwaltung stehen oder von ihr gemietet sind,**
2. **den Behörden der staatlichen Ordnungspolizei für ihre Angehörigen, soweit sie in Dienstgebäuden wohnen oder untergebracht sind,**
3. den inländischen auszahlenden öffentlichen Kassen für die im § 2 Nr. I, 1 Abs. 2 EStG. genannten Personen sowie für die gemäß § 2 II EStG. mit solchen regelmäßig wiederkehrenden Bezügen oder Unterstützungen, die

aus inländischen öffentlichen Kassen mit Rücksicht auf eine gegenwärtige oder frühere Dienstleistung oder Berufstätigkeit gewährt werden, beschränkt steuerpflichtigen Personen,

4. dem Finanzamt der Betriebsstätte für die in seinem Bezirke zu Beginn des Kalenderjahrs beschäftigten, im Ausland wohnhaften oder sich aufhaltenden Arbeitnehmer. Zu diesem Zwecke haben die Arbeitgeber dem Finanzamt eine Liste dieser Arbeitnehmer einzureichen. Entsprechendes gilt bei Eintritt in ein Arbeits- oder Dienstverhältnis während des Kalenderjahrs,
5. dem für die Veranlagung von Auslandsbeamten im Sinne des § 2 Nr. I, 1 Abs. 2 EStG. zuständigen Finanzamt für die in dem nach § 24 EStAB aufzustellenden Verzeichnis aufgeführten, im Dienste von Auslandsbeamten stehenden Deutschen.

(2) Die Nummer des Steuerbuchs ist von den unter Nr. 1 und 2 des Abs. 1 genannten Stellen in Spalte 1 und die Jahresgesamtermäßigung in Spalte 12 des durch § 22 EStAB. vorgeschriebenen Musters 5 einzutragen. Die auszahlende inländische öffentliche Kasse trägt in Spalte 1 die Nummer des Steuerbuchs und in Spalte 7 des durch § 23 EStAB. vorgeschriebenen Musters 6 die Jahresgesamtermäßigung ein. Das Finanzamt der Betriebsstätte und das für die Veranlagung von Auslandsbeamten zuständige Finanzamt tragen in Spalte 1 der Hauptsteuerliste die Nummer des Steuerbuchs und in Spalte 26 die Jahresgesamtermäßigung ein. — S. Anm. 5 zu § 50. —

Zu Abs. 1 Z. 1 u. 2: Dagegen bleibt die Verpflichtung der Gemeindebehörde zur Ausstellung der Steuerbücher für die Angehörigen der Truppenteile und der staatlichen Ordnungspolizei, welche nicht in Dienstgebäuden wohnen oder untergebracht sind und daher im Personenverzeichnis aufgeführt werden, bestehen.

Zu Abs. 1 Z. 3: § 23 EStAB.

§ 28.

(1) Die Steuerbücher werden unentgeltlich ausgestellt.

(2) Verlorene, unbrauchbar gewordene oder zerstörte Steuerbücher werden gegen eine Gebühr von höchstens 5 Mark, die der Gemeinde zufließt, ersetzt.

(3) Die weiteren Anordnungen und Bekanntmachungen über die Ausstellung der Steuerbücher erläßt das Landesfinanzamt.

(4) Reichen die Einlagebogen des Steuerbuchs für die während eines Kalendervierteljahrs einzuklebenden Steuermarken nicht aus, so hat der Arbeitgeber sich bei dem Finanzamt oder der Gemeindebehörde neue Einlagebogen, die kostenlos abgegeben werden, zu beschaffen. Das gleiche gilt für die jeweils nach Ablauf eines Kalendervierteljahrs notwendig werdenden weiteren Einlagebogen und Überweisungsblätter.

§ 29.

(1) Die Gemeindebehörden erhalten für jedes von ihnen ausgestellte und ausgehändigte Steuerbuch eine Entschädigung von 1 Mark aus der Reichskasse. Durch diese Entschädigung sind sämtliche Kosten, die den Gemeinden durch die Ausstellung und Aushändigung (Zustellung) der Steuerbücher einschließlich der Ergänzung und Berichtigung erwachsen, abgegolten.

(2) Für Ausstellung und Aushändigung (Zustellung) von Steuerbüchern nach § 28 Abs. 2 wird eine Entschädigung aus der Reichskasse nicht gewährt. — S. Anm. 3 zu § 50. —

IV. Ergänzungen und Berichtigungen der Eintragungen der Gemeindebehörde im Steuerbuche (§§ 30 bis 35).

§ 30.

Eintragungen in die Steuerbücher, die nachweislich unrichtig sind, können jederzeit berichtigt werden. Die Berichtigung erfolgt auf Antrag durch die Gemeindebehörde, die das Steuerbuch ausgestellt hat. Die Berichtigung ist von der ersten Lohnzahlung ab, bei der das berichtigte Steuerbuch vorgelegt wird, wirksam. Die Berichtigung ist dem Finanzamt mitzuteilen, das die entsprechenden Vermerke in der Hauptsteuerliste oder der Lohnsteuerliste (§ 57 Abs. 2) vornimmt.

§ 31.

(1) Glaubt ein Steuerpflichtiger Anspruch auf die im § 46 Abs. 2 Nr. 2 EStG. vorgesehene Ermäßigung des Steuerabzugs auch für mittellose Angehörige, die von ihm unterhalten werden (§ 47 EStG.), zu haben, so hat er bei dem Finanzamt seines Wohnsitzes oder gewöhnlichen Aufenthaltsortes die Ergänzung der von der Gemeindebehörde auf dem Steuerbuche festgestellten Jahresgesamtermäßigung unter Vorlegung des Steuerbuchs zu beantragen. Bei der Prüfung solcher Anträge hat das Finanzamt insbesondere darauf zu achten, daß eine mehrfache Berücksichtigung mittelloser Angehöriger innerhalb einer Familie unterbleibt. Werden von mehreren Steuerpflichtigen Anträge für ein und denselben mittellosen Angehörigen gestellt, so hat das Finanzamt zu entscheiden, bei welchem Steuerpflichtigen die Ermäßigung des Steuerabzugs Platz zu greifen hat. In der Regel wird hierbei die Höhe der gewährten Unterstützung maßgebend sein.

(2) Mittellosigkeit ist nicht nur dann anzunehmen, wenn der betreffende Angehörige überhaupt keine Mittel hat, sondern auch dann, wenn die ihm zur Bestreitung des Lebensunterhalts zur Verfügung stehenden Mittel so gering sind, daß er damit nicht imstande ist, seinen notdürftigen Unterhalt zu bestreiten.

(3) Als Angehörige im Sinne des Abs. 1 sind alle Verwandten und Verschwägerten, Adoptiv- und Pflegeeltern und -kinder und der Ehegatte des Steuerpflichtigen anzusehen, auch wenn sie nicht zu dessen Haushalt zählen. Die Ehefrau und die minderjährigen Kinder kommen für die Ermäßigung nicht in Betracht, sofern für sie schon eine Ermäßigung nach § 46 Abs. 2 Nr. 1 und 2 EStG. bei dem Steuerabzuge des Haushaltungsvorstandes eingetreten ist. — S. Anm. zu § 47. —

§ 32.

(1) Der Antrag nach § 31 ist vorbehaltlich der Ausnahme des § 35 vor Beendigung eines Kalenderjahres zu stellen und hat Wirkung für das folgende Kalenderjahr. Wird der Antrag später gestellt, so wirkt die Ergänzung erst von der Lohnzahlung ab, bei der das ergänzte Steuerbuch vorgelegt wird. Anträge, die nach Ablauf des ersten Monats des neuen Kalenderjahres gestellt werden, werden nicht mehr berücksichtigt.

(2) Die von dem Finanzamt bei Prüfung des Antrags für nötig erachteten Unterlagen sind von dem Antragsteller beizubringen. Als Stichtag für die beantragte Berücksichtigung der Verhältnisse nach § 47 EStG. gilt der 1. Oktober des vorangegangenen Kalenderjahrs oder der vom Reichsminister der Finanzen gemäß § 17 EStAB. für die Personenstandsaufnahme festgesetzte anderweitige Stichtag.

(3) Das Finanzamt berichtigt das Steuerbuch, vermerkt die Anzahl der zu berücksichtigenden mittellosen Angehörigen in Spalte 21 der Hauptsteuerliste und berichtigt in Spalte 26 die Jahresgesamtermäßigung. — S. Anm. zu § 47. —

§ 33.

(1) Wenn die dem Steuerpflichtigen zustehenden Abzüge nach § 13 Abs. 1 Nr. 1 bis 7 EStG. den Betrag von **10 800** Mark um mindestens **1200** Mark übersteigen, kann der Steuerpflichtige die Erhöhung des im § 7 Abs. 4 festgesetzten Betrags beantragen.

(2) Über den Antrag entscheidet das Finanzamt des Wohnsitzes oder gewöhnlichen Aufenthalts des Arbeitnehmers. Das Finanzamt berichtigt das Steuerbuch und den Eintrag in Spalte 26 der Hauptsteuerliste hinsichtlich der Jahresgesamtermäßigung.

(3) Das Finanzamt berechnet die zulässige Ermäßigung, indem es die Abzüge nach § 13 Abs. 1 Nr. 1 bis 7 EStG. bei freier Beweiswürdigung mit ihrem wahrscheinlichen Betrage für das betreffende Kalenderjahr veranschlagt und hiervon 10 vom Hundert nimmt. — S. Anm. 19 zu § 46. —

Zu § 33 Abs. 1: Während bisher entsprechend dem Werbungskostenpauschalsatz von 5400 Mark jährlich eine Erhöhung nur zulässig war, wenn die Abzüge den Betrag von 5400 Mark um mindestens 450 Mark übersteigen, ist nunmehr, nachdem der Werbungskostenpauschalsatz auf 10 800 Mark jährlich erhöht worden ist, eine Erhöhung nur zulässig, wenn die Abzüge den Betrag von 10800 Mark um mindestens 1200 Mark übersteigen. Die Bestimmung ist mit Wirkung vom 1. August 1922 in Kraft getreten, hat jedoch, nachdem Anträge nach § 34 nur für den Ausnahmefall des § 34 Abs. 1 Satz 4 für das Kalenderjahr 1922 noch möglich sind, nur Bedeutung für die für das Kalenderjahr 1923 zu stellenden Anträge.

§ 34.

(1) Der Antrag nach § 33 ist vor Beendigung eines Kalenderjahres zu stellen und hat Wirkung für das folgende Kalenderjahr. Wird der Antrag später gestellt, so wirkt die Ergänzung erst von der Lohnzahlung ab, bei der das ergänzte Steuerbuch vorgelegt wird. Anträge, die nach Ablauf des ersten Monats des neuen Kalenderjahrs gestellt werden, werden nicht mehr berücksichtigt. **Bei Steuerpflichtigen, die bisher in keinem Arbeitsverhältnis gestanden haben und erstmalig im Laufe des Kalenderjahres in ein Arbeitsverhältnis eintreten, ist die Stellung des Antrages nach § 33 bis zum Ablauf eines Monats nach Beginn des neuen Arbeitsverhältnisses oder der ersten Lohnzahlung seitens des neuen Arbeitgebers zulässig.**

(2) Gibt das Finanzamt dem Antrag statt, so darf der im § 7 Abs. 4 festgesetzte Betrag für das Jahr nur um einen durch 60 teilbaren Betrag erhöht werden (60, 120, 180, 240, 300 Mark usw.). — S. Anm. 19 zu § 46. —

§ 35.

(1) Wenn die Zahl der zur Haushaltung des Steuerpflichtigen zählenden minderjährigen Kinder (§ 46 Abs. 2 Nr. 2 EStG.) und der von ihm unterhaltenen mittellosen Angehörigen (§ 47 EStG.) gegenüber dem Stande vom 1. Oktober des vorangegangenen Kalenderjahrs oder dem Stande an dem anderweitig festgesetzten Stichtag um wenigstens 2 größer ist als im Steuerbuch angegeben, so kann der Steuerpflichtige Berichtigung der Jahresgesamtermäßigung auf seinem Steuerbuche beantragen. Der Antrag kann nur vor Ablauf des ersten Kalendervierteljahrs gestellt werden. **Soweit gleichzeitig mittellose Angehörige und minderjährige zur Haushaltung des Steuerpflichtigen zählende Kinder in Betracht kommen, berichtigt das Finanzamt das Steuerbuch nach Vorlage einer Bescheinigung der Gemeindebehörde,**

die das Hinzutreten eines oder mehrerer minderjähriger Kinder nachweist. Die Berichtigung ist, soweit es sich um zur Haushaltung des Steuerpflichtigen zählende minderjährige Kinder handelt, von der Gemeindebehörde, soweit mittellose Angehörige in Betracht kommen, vom Finanzamt vorzunehmen. Anträge im zweiten, dritten und vierten Kalendervierteljahre werden nicht berücksichtigt.

(2) Die Gemeindebehörde macht von der Berichtigung des Steuerbuchs, soweit es sich um die Berücksichtigung minderjähriger Kinder handelt, dem Finanzamt des Wohnsitzes Mitteilung, letzteres berichtigt die entsprechenden Vermerke in der Hauptsteuerliste.

(3) Die Steuerermäßigung für die neu hinzugekommenen Personen tritt bei der ersten Lohnzahlung im zweiten Kalendervierteljahr in Kraft. — S. Anm. 6 zu § 50. —

V. Vornahme des Steuerabzuges (§§ 36 bis 56).

A. Allgemeines (§§ 36 bis 38).

§ 36.

Jeder Arbeitnehmer ist verpflichtet, bei jeder Lohn- oder Gehaltszahlung sein Steuerbuch dem Arbeitgeber vorzulegen. Er kann sein Steuerbuch auch dem Arbeitgeber zur Aufbewahrung überlassen. Der Arbeitgeber hat das Steuerbuch dem Arbeitnehmer bei dessen Ausscheiden aus dem Dienst- oder Arbeitsverhältnis, im übrigen jederzeit auf Verlangen auszuhändigen. — S. Anm. 2 zu § 51. —

§ 37.

Jeder Arbeitgeber ist verpflichtet, von den bei ihm beschäftigten Arbeitnehmern für deren Rechnung bei jeder Lohnzahlung einen Betrag von 10 vom Hundert des Arbeitslohns, unter Berücksichtigung der auf dem Steuerbuche von der Gemeindebehörde oder dem Finanzamt festgesetzten Jahresgesamtermäßigung einzubehalten. Für den Arbeitgeber ist die auf dem Steuerbuch vermerkte Jahresgesamtermäßigung bindend. Er ist nicht berechtigt, von der bestimmten Jahresgesamtermäßigung abzuweichen und hat dabei den hierfür für die einzelnen Lohnzahlungsperioden in Betracht kommenden Teilbetrag der Ermäßigung aus der Umrechnungstabelle auf **Seite 4 des Steuerbuchs zu entnehmen.** — S. **Anm.** 21 zu § 46 **und § 83b EStADB.** —

§ 38.

Der Arbeitnehmer hat dem Arbeitgeber auf Verlangen eine schriftliche Bescheinigung über den ihm zustehenden und den ihm ausgezahlten Lohnbetrag auszustellen. Ist die Entwertung von Steuermarken erfolgt, so ist der Betrag der verwendeten Marken in der Bescheinigung anzugeben.

B. Verwendung der einbehaltenen Steuerbeträge (§§ 39 bis 56).

a) Durch Steuermarken (§§ 39 bis 47).

§ 39.

(1) Für den einbehaltenen Steuerbetrag hat der Arbeitgeber Steuermarken bei jeder Auszahlung des Arbeitslohns in die losen Einlagebogen des Steuerbuchs einzukleben und zu entwerten. Bei der ersten Benutzung des Steuerbuchs und bei Inanspruchnahme neuer Einlagebogen (Steuermarken-

blätter) hat der Arbeitgeber nach Maßgabe des Vordrucks die Eintragungen am Kopfe des Einlagebogens vorzunehmen. Die Arbeitgeber können die Einträge durch Maschinenschrift oder Stempelaufdruck vornehmen. Tritt der Arbeitnehmer in ein Dienstverhältnis bei einem anderen Arbeitgeber, so ist ein neuer Einlagebogen zu verwenden. Bei unständig beschäftigten Arbeitnehmern kann die Ausfüllung der Eintragung am Kopfe des Einlagebogens hinsichtlich des Arbeitgebers unterbleiben, die Einlagebogen können fortlaufend verwendet werden. Der Name des Arbeitgebers ist in die Bemerkungsspalte zu setzen.

(2) Die Steuermarken sind nebeneinander in die dafür vorgesehenen Spalten der losen Einlagebogen des Steuerbuchs (Muster 2) derart einzukleben, daß für jede Lohnzahlung eine neue Querspalte und für jede erste Lohnzahlung eines neuen Kalendervierteljahres ein neuer loser Einlagebogen begonnen wird. Auf jede Marke ist mit Tinte der Tag, Monat und das Jahr der Verwendung, und zwar der Tag und das Jahr in arabischen Zahlen, der Monat mit Buchstaben niederzuschreiben. Der Gebrauch von Datumstempeln mit chemischer Tinte ist gestattet. Allgemein übliche und verständliche Abkürzungen der Monatsbezeichnung mit Buchstaben sowie die Weglassung der beiden ersten Zahlen der Jahresbezeichnung (z. B. 15. Jan. 22) sind zulässig. Auch ist gestattet, dem Verwendungsvermerke die Firma, den Namen des Verwendenden ganz oder teilweise zuzusetzen.

(3) Nach jedem Einkleben der Steuermarken hat der Arbeitgeber die Höhe des Bruttoverdienstes unter gesonderter Aufführung der im § 14 bezeichneten Einnahmen und der etwa gewährten Dienstaufwandsentschädigung sowie den Wert der verwendeten Steuermarken in die dafür vorgesehenen Spalten der losen Einlagebogen des Steuerbuchs einzutragen; ist eine Seite des Einlagebogens mit Steuermarken gefüllt, so hat der Arbeitgeber an den dafür vorgesehenen Stellen die Gesamtsumme des Bruttoverdienstes, die etwa gewährte Dienstaufwandsentschädigung und den Wert der auf der Seite eingeklebten Marken einzutragen und die Summe auf der nächsten Seite vorzutragen. — S. Anm. zu § 51. —

§ 40.

(1) Der Arbeitgeber hat nach Ablauf des Kalendervierteljahrs, oder bei dem Ausscheiden des Arbeitnehmers aus dem Dienst- oder Arbeitsverhältnis die im vergangenen Kalendervierteljahre oder in der Zeit bis zur Beendigung des Dienst- oder Arbeitsverhältnisses zum Einkleben und Entwerten von Steuermarken verwendeten und von ihm verwahrten Einlagebogen dem Arbeitnehmer auszuhändigen.

(2) Weigert sich ein Arbeitnehmer bei einer Lohnzahlung dem Arbeitgeber das Steuerbuch vorzulegen, so hat der Arbeitgeber den Steuerabzug ohne Berücksichtigung der Ermäßigungen nach § 7 Abs. 1 bis 4 vorzunehmen und in Höhe des einbehaltenen Betrags Steuermarken in lose Einlagebogen einzukleben und zu entwerten und für den Arbeitnehmer aufzubewahren, bis dieser sein Steuerbuch vorlegt.

(3) Ist die Aushändigung der Einlagebogen an den Arbeitnehmer nicht möglich, so hat sie der Arbeitgeber nach Ablauf des Kalendervierteljahrs dem auf dem Umschlag des Steuerbuchs verzeichneten Finanzamt und falls ihm dieses nicht bekannt ist, dem für ihn (Arbeitgeber) zuständigen Finanzamt einzusenden. — S. Anm. 6 zu § 51. —

§ 41.

(1) Das Finanzamt kann auf Antrag einzelnen Arbeitgebern gestatten, daß sie die Steuermarken für die von ihnen beschäftigten Arbeitnehmer statt bei jeder Lohnzahlung nach Ablauf des Monats bis zum 10. des folgenden Monats, jedoch spätestens beim Ausscheiden des Arbeitnehmers aus dem Dienst- oder Arbeitsverhältnis für den während des entsprechenden Zeitraums einbehaltenen Betrag entwerten und in die Einlagebogen (Steuermarkenblätter) einkleben. Die Verpflichtung des Arbeitgebers zur Einbehaltung des Steuerbetrags bei jeder Lohnzahlung wird hierdurch nicht berührt.

(2) Das Finanzamt kann ferner zulassen, daß der Arbeitgeber die nach § 39 Abs. 3 vorgeschriebenen Eintragungen nach Ablauf des Monats, ausgeschieden nach Bruttoverdienst, den im § 14 bezeichneten Einnahmen, der etwa gewährten Dienstaufwandsentschädigung und dem einbehaltenen Steuerbetrag in je einer Summe vornimmt.

Unter gewissen Umständen kann Arbeitgebern das vierteljährliche Markenkleben gestattet werden (Erl. RFM. vom 22. März 1922 III 3034).

§ 42.

(1) Jeder Arbeitnehmer ist verpflichtet, innerhalb des Monats Januar eines jeden Kalenderjahrs die Einlagebogen seines Steuerbuchs, die im abgelaufenen Kalenderjahre zum Einkleben und Entwerten von Steuermarken verwendet worden sind, dem für ihn zuständigen, auf dem Steuerbuche vermerkten Finanzamt zu übergeben oder zu übersenden.

(2) Auf die Verpflichtung zur Einsendung oder Übergabe der Einlagebogen hat das Finanzamt durch öffentliche Bekanntmachung, der Arbeitgeber durch den Anschlag in den Arbeits- und Geschäftsräumen hinzuweisen.

(3) An Stelle des Arbeitnehmers kann der Arbeitgeber die Einsendung oder Übergabe der Einlagebogen übernehmen; in diesem Falle sind die Einlagebogen gemeindeweise geordnet den für die Arbeitnehmer zuständigen Finanzämtern zu übersenden.

(4) Dem Arbeitnehmer bleibt es unbenommen, die Einlagebogen, die zum Einkleben und Entwerten von Steuermarken verwendet worden sind, schon während des Kalenderjahrs jederzeit einzusenden oder zu übergeben.

§ 43.

(1) Das Finanzamt trägt auf Grund der bei ihm eingehenden Einlagebogen mit entwerteten Einkommensteuermarken die durch Markenverwendung entrichteten Beträge in Spalte 33 oder in eine besonders anzulegende Spalte der Hauptsteuerliste des entsprechenden Kalenderjahrs unter Beifügung des Zusatzes: „St. B." (z. B. St. B. I. Vierteljahr 230 M.) ein. Führt das Finanzamt eine besondere Lohnsteuerliste (§ 57 Abs. 2), so vermerkt es die durch Markenverwendung entrichteten Beträge in dieser.

(2) Solange die Hauptsteuerliste für das entsprechende Kalenderjahr noch nicht angelegt ist, können die Eintragungen vorläufig in die Hauptsteuerliste des voraufgegangenen Kalenderjahrs eingetragen werden, in diesem Falle sind die Eintragungen nach Aufstellung der im Abs. 1 bezeichneten Hauptsteuerliste in diese zu übertragen.

(3) Die Blätter sind als Belege zur Hauptsteuerliste bzw. Lohnsteuerliste geordnet (in Umschlägen für jeden Steuerpflichtigen) aufzubewahren und nach Ablauf des auf die Eintragung folgenden Jahres zu vernichten.

§ 44.

Sind Einlagebogen des Steuerbuchs verloren gegangen, unbrauchbar geworden oder zerstört worden, so hat das Finanzamt auf Antrag über die darin nachweisbar eingeklebten und entwerteten Steuermarken eine Bescheinigung auszustellen. Diese Bescheinigung tritt an Stelle der Einlagebogen.

§ 45.

Die Steuermarken sind bei den Postanstalten zu kaufen, und zwar zum Nennwert von 10 und 50 Pfennigen, 1, 2, 3, 4, 5, 10, 20, 25, 50, 100 und 200 Mark. Die Ausgabe weiterer Markenwerte bleibt vorbehalten.

§ 46.

Die Steuermarken werden durch die Reichsdruckerei hergestellt. Sie werden nur an den Reichspostminister sowie an diejenigen Behörden, die der Reichsdruckerei von dem Reichspostminister als zum unmittelbaren Bezuge berechtigt bezeichnet werden, abgegeben. Privatpersonen erhalten von der Reichsdruckerei keine Steuermarken.

§ 47.

(1) Unbeschädigte Steuermarken können gegen Steuermarken anderer Werte bei den Postanstalten umgetauscht werden. Verdorbene Steuermarken können bei den Postanstalten umgetauscht werden, wenn der Schaden mindestens eine Mark beträgt und wenn von den Marken noch kein oder kein solcher Gebrauch gemacht worden ist, demgegenüber durch die Erstattung das Steuerinteresse gefährdet erscheint. Irrtümlich oder zu Unrecht entwertete Steuermarken fallen nicht unter diese Bestimmung, sie werden von den Postanstalten nicht umgetauscht. Dasselbe gilt für entwertete oder nichtentwertete Steuermarken, die von Einlagebogen des Steuerbuchs abgelöst oder ausgeschnitten sind.

(2) In allen Fällen, in denen die Postverwaltung Steuermarken nicht umtauscht, sind zur Entscheidung die Finanzämter zuständig. Die verausgabten Beträge sind auf Grund der Zahlungsanweisung als Erstattung an Einkommensteuer zu behandeln.

b) Durch Einzahlung oder Überweisung (§§ 48 bis 56).

§ 48.

Das Finanzamt kann zulassen, daß eine Verwendung von Steuermarken unterbleibt und daß die Einzahlung der einbehaltenen Steuerbeträge durch den Arbeitgeber in bar oder durch Überweisung auf das Postscheck- oder Bankkonto bei der Finanzkasse der Betriebsstätte oder bei der von dem Landesfinanzamt bestimmten Finanzkasse erfolgt.

§ 49.

(1) Im Falle des § 48 ist der Arbeitgeber verpflichtet, für jeden Arbeitnehmer ein Überweisungsblatt nach Muster 3a zu führen. Überweisungsblätter sind unentgeltlich von dem Finanzamt zu beziehen. Nach Maßgabe des Vordrucks auf der Vorderseite des Steuerbuchs hat der Arbeitgeber den Kopf des Überweisungsblatts auszufüllen und in die linke Seitenspalte die auf der Vorderseite des Steuerbuchs von der Gemeindebehörde, gegebenenfalls vom Finanzamt festgesetzte Jahresgesamtermäßigung zu übertragen.

(2) Bei jeder Lohn- oder Gehaltszahlung hat der Arbeitgeber unter Angabe des Zahltags die Höhe des Bruttoverdienstes unter gesonderter Aufführung der im § 14 bezeichneten Einnahmen, der etwa gewährten Dienstaufwandsentschädigung und den einbehaltenen Steuerbetrag in die dafür vorgesehenen Spalten des Überweisungsblatts einzutragen.

(3) Bei kürzeren als vierteljährlichen Lohnzahlungsperioden kann das Finanzamt auf Antrag zulassen, daß der Arbeitgeber die nach Abs. 2 vorgeschriebenen Eintragungen nicht schon bei jeder Lohnzahlung, sondern erst am Schlusse des Kalendervierteljahres, und zwar spätestens bis zum Ablauf des auf den Schluß des Kalendervierteljahres folgenden Monats vornimmt. Die Verpflichtung zur Einbehaltung des Steuerbetrags bei jeder Lohn- oder Gehaltszahlung wird hierdurch nicht berührt.

(4) Das Finanzamt kann ferner zulassen, daß der Arbeitgeber die nach Abs. 2 vorgeschriebenen Eintragungen nach Ablauf des Kalendervierteljahrs, ausgeschieden nach Bruttoverdienst, den im § 14 bezeichneten Einnahmen, der etwa gewährten Dienstaufwandsentschädigung und dem einbehaltenen Steuerbetrag in je einer Summe vornimmt.

(5) Das Muster nach Abs. 4 wird den Arbeitgebern von den Finanzämtern in entsprechender Stückzahl unentgeltlich geliefert.

§ 50.

(1) Die Einzahlung oder Überweisung (Abführung) der einbehaltenen Steuerbeträge an die im § 48 bezeichnete Finanzkasse hat in kürzester Frist nach jeder Lohnzahlung zu erfolgen, und zwar in einer Summe ohne Bezeichnung der einzelnen Arbeitnehmer. Der Beifügung eines Verzeichnisses und der Überweisungsblätter (§ 49) bedarf es hierbei nicht, jedoch ist anzugeben, daß die übersandten oder überwiesenen Beträge Steuerabzüge darstellen und auf welchen Zeitraum sie entfallen.

(2) Auf Antrag kann das Finanzamt gestatten, daß die Einzahlung oder Überweisung der einbehaltenen Beträge statt nach jeder Lohnzahlung erst innerhalb der ersten 10 Tage nach Ablauf des Monats oder des Kalendervierteljahrs erfolgt; die Arbeitgeber sind jedoch im Falle der Abführung nach Ablauf des Kalendervierteljahrs verpflichtet, monatliche Abschlagszahlungen in Höhe von einem Drittel des überschlägig zu berechnenden Vierteljahrsbetrags zu leisten.

(3) Falls sich bei der Einzahlung oder Überweisung (Abführung) herausstellt, daß die geleisteten Abschlagszahlungen hinter dem abzuführenden Betrage erheblich zurückbleiben, hat die Finanzkasse dies dem Finanzamt mitzuteilen, das darüber zu befinden hat, ob die Genehmigung zur vierteljährlichen Abführung zurückzunehmen ist.

§ 51.

(1) Die Finanzkassen haben die nach § 50 eingehenden Beträge endgültig in Spalte 6 des Einkommensteuereinnahmebuchs zu vereinnahmen und in einem nach Muster 4 anzulegenden Arbeitgeberkontobuch anzuschreiben.

(2) In dem Arbeitgeberkontobuch ist für jeden Arbeitgeber, dem die Abführung der einbehaltenen Steuerbeträge seiner Arbeitnehmer nach Maßgabe der §§ 48 bis 50 gestattet ist, ein besonderes Konto anzulegen. Die Konten sind vierteljährlich beim Eingang der Zusammenstellung (§ 53 Abs. 3) abzuschließen.

§ 52.

(1) Stellt die Finanzkasse fest, daß von Arbeitgebern, denen ein Arbeitgeberkonto errichtet ist, die fälligen Zahlungen ausbleiben, und hat auch eine besondere Mahnung keinen Erfolg, so ist das Finanzamt zu benachrichtigen, das eine Nachprüfung des säumigen Betriebs nach § 60 außer der Reihe vorzunehmen hat und gegebenenfalls die Ablieferung der einbehaltenen Steuerbeträge gemäß § 298 ff. der Reichsabgabenordnung erzwingt.

(2) Bei wiederholtem unpünktlichen Eingang der Steuerbeträge hat die Finanzkasse gleichfalls dem Finanzamt Nachricht zu geben, das über die Entziehung der dem Arbeitgeber nach den §§ 48 bis 50 eingeräumten Vergünstigung zu befinden hat.

§ 53.

(1) Jeder Arbeitgeber, der die Abführung der einbehaltenen Steuerbeträge seiner Arbeitnehmer gemäß §§ 48 bis 50 bewirkt, ist verpflichtet, am Schlusse des Kalendervierteljahrs die Überweisungsblätter durch Aufrechnung der Spalten 3, 4 und 5 abzuschließen und neue Überweisungsblätter für das folgende Kalendervierteljahr anzulegen.

(2) Die Summe der einbehaltenen Steuerbeträge jedes Überweisungsblattes ist in eine von dem Arbeitgeber zu unterschreibende Nachweisung nach Muster 5 zu übertragen. Für jede Gemeinde des Arbeitnehmers ist eine besondere Nachweisung zu verwenden; umfaßt eine Gemeinde mehrere Finanzämter, so ist für jedes dieser Finanzämter ebenfalls eine besondere Nachweisung zu verwenden.

(3) Die Summen der Nachweisungen gehen in eine Zusammenstellung nach Muster 6 über, die ebenfalls aufzurechnen ist. Die so gebildete Summe stellt den Gesamtbetrag der im Kalendervierteljahr einbehaltenen Steuerbeträge und zugleich das Ablieferungssoll des Arbeitgebers dar.

(4) Die Zusammenstellung sowie die zugehörigen Nachweisungen und Überweisungsblätter müssen geordnet spätestens bis zum Ablauf des auf den Schluß des Kalendervierteljahrs folgenden Monats dem Finanzamt der Betriebsstätte eingeliefert werden.

(5) Das Finanzamt stellt die Zusammenstellung der Finanzkasse zu, welche die Übereinstimmung der Schlußsumme mit der Summe des Arbeitgeberkontos für das betreffende Kalendervierteljahr zu prüfen hat. Die Übereinstimmung ist auf der Zusammenstellung zu bescheinigen und diese sofort dem Finanzamt wieder zuzuleiten. Ergeben sich Unterschiede, die die Finanzkasse nicht alsbald zu beheben in der Lage ist, so ist auf der Zusammenstellung die Schlußsumme des Arbeitgeberkontos zu vermerken und weitere Anweisung des Finanzamts abzuwarten.

(6) Die Muster nach Abs. 2 und 3 werden den Arbeitgebern von den Finanzämtern in entsprechender Stückzahl unentgeltlich geliefert.

§ 54.

(1) Das Finanzamt der Betriebsstätte prüft:

a) die Zusammenstellung nach der richtigen Übernahme der Schlußsumme aus den Nachweisungen und der richtigen Aufrechnung,

b) die Nachweisungen nach der richtigen Übernahme der Schlußsummen der Überweisungsblätter und der richtigen Aufrechnung.

(2) Bei der Prüfung zu b ist ein besonderes Augenmerk darauf zu richten, daß jedes übergebene Überweisungsblatt in einer Nachweisung enthalten ist, so daß kein Überweisungsblatt an das Finanzamt des Wohnsitzes des Arbeitnehmers gelangt, für das nicht auch der Steuerbetrag abgeliefert ist.

(3) Auf den Zusammenstellungen und den Nachweisungen ist ein kurzer Prüfungsvermerk niederzuschreiben; unter die letzte Eintragung in der Nachweisung ist ein Stempelabdruck zu setzen. Falls Unstimmigkeiten zwischen Arbeitgeberkonto und Zusammenstellung es erforderlich machen, ist die Prüfung auch weiter auszudehnen, z. B. auf die richtige Aufrechnung der Überweisungsblätter. In diesem Falle sind auch die Überweisungsblätter mit Prüfungsvermerk zu versehen.

(4) Das Finanzamt der Betriebsstätte übersendet die Nachweisungen fremder Gemeinden mit den zugehörigen Überweisungsblättern an die für die Arbeitnehmer zuständigen Finanzämter. Die Zusammenstellung verbleibt beim Finanzamt der Betriebsstätte.

§ 55.

Der Arbeitgeber hat dem Arbeitnehmer nach Ablauf eines Kalendervierteljahrs, spätestens jedoch beim Ausscheiden aus dem Arbeits- oder Dienstverhältnis, auf Verlangen eine Bescheinigung über den bis zu diesem Zeitpunkt einbehaltenen und abgeführten Steuerbetrag auszuhändigen. Als solche Bescheinigung genügt auf der Lohntüte bei der ersten Lohnauszahlung des neuen Kalendervierteljahrs die Aufgabe des Arbeitgebers über den einbehaltenen und abgeführten Steuerbetrag im verflossenen Kalendervierteljahr, ein Durchschlag des Überweisungsblatts oder ein ähnlicher Nachweis, z. B. das Lohnbuch des Bergarbeiters.

§ 56.

(1) Das Finanzamt des Arbeitnehmers trägt auf Grund der bei ihm vierteljährlich eingehenden und von ihm nachzuprüfenden Überweisungsblätter (§ 54) die durch Barabführung oder Überweisung entrichteten Beträge in Spalte 33 oder in eine besonders anzulegende Spalte der Hauptsteuerliste für das entsprechende Kalenderjahr unter Beifügung des Zusatzes: „StB." (z. B. St.B. I. Vierteljahr 230 Mark) ein. Führt das Finanzamt eine besondere Lohnsteuerliste, so vermerkt es die durch Barabführung oder Überweisung entrichteten Beträge in dieser.

(2) § 43 Abs. 2 und 3 gelten entsprechend.

VI. Nachprüfung des Steuerabzuges (§§ 57 bis 65).

§ 57.

(1) In die Hauptsteuerlisten, die nach den §§ 25, 26 EStAB. aufzustellen sind, sind ebenso wie alle anderen Steuerpflichtigen auch diejenigen Steuerpflichtigen aufzunehmen, die dem Steuerabzug vom Arbeitslohne unterworfen sind. Soweit jedoch bei ihnen die Voraussetzungen für eine Veranlagung nach Ansicht des Finanzamts nicht gegeben sind, beschränkt sich das Finanzamt auf die Ausfüllung der die Person, den Familienstand und das Arbeitseinkommen betreffenden Spalten und die Eintragung der in den §§ 22, 26, 27, 30, 32, 33, 35, 43, 56 vorgesehenen Vermerke. Hält das Finanzamt die Voraussetzung für eine Veranlagung des Steuerpflichtigen

nach § 48 EStG. für gegeben, so bereitet es die Hauptsteuerliste wie für alle anderen der Veranlagung unterliegenden Steuerpflichtigen in der im § 27 EStAB. vorgeschriebenen Weise vor.

(2) Dem Finanzamt bleibt es überlassen, für diejenigen Steuerpflichtigen, die dem Steuerabzuge vom Arbeitslohn unterliegen, eine gesonderte Hauptsteuerliste für Lohn- und Gehaltsempfänger aufzustellen (Lohnsteuerliste nach § 25 Abs. 3 letzter Satz EStAB.).

§ 58.

(1) Das Finanzamt überwacht die ordnungsmäßige Durchführung des Steuerabzugs. Die Überwachung hat zu umfassen:

1. eine Kontrolle sämtlicher in die Hauptsteuer- oder in die besondere Lohnsteuerliste (§ 57 Abs. 2) des Finanzamts eingetragenen Steuerpflichtigen,
2. eine Kontrolle sämtlicher im Bezirke des Finanzamts eine Betriebsstätte unterhaltenden Arbeitgeber.

(2) Die in Ausübung der Kontrolle zu Nr. 1 gemachten Wahrnehmungen über Unregelmäßigkeiten sind für die Kontrolle zu Nr. 2 nutzbar zu machen und umgekehrt. Sind für die Kontrolle eines Steuerpflichtigen und für die Kontrolle seiner Arbeitsstätte verschiedene Finanzämter zuständig, so sind die gemachten Wahrnehmungen unter den Finanzämtern unmittelbar auszutauschen.

§ 59.

(1) Die Kontrolle des § 58 Abs. 1 Nr. 1 (Innenkontrolle) ist bei Eintragung der aus den eingehenden Steuermarken- und Überweisungsblättern ersichtlichen Beträge in die Hauptsteuer- oder besondere Lohnsteuerliste vorzunehmen. Sie hat sich zu erstrecken:

1. auf die Angemessenheit des angegebenen Gesamtverdienstes unter Zuhilfenahme der beim Finanzamt zu sammelnden Unterlagen über die ortsüblichen Durchschnittslohnsätze der einzelnen Berufsarten,
2. auf die Zulässigkeit der Ermäßigungen,
3. auf die richtige Berechnung des Steuerabzugs aus dem angegebenen Einkommen und der Steuerermäßigung,
4. auf die richtige Aufrechnung des Steuermarken- oder Überweisungsblatts,
5. auf die Echtheit der abgelieferten Steuermarken.

(2) Stellen sich bei der Prüfung Unstimmigkeiten heraus, so hat das Finanzamt das nach Lage des Falles Erforderliche zu veranlassen.

(3) Die Prüfung ist auf angemessene Stichproben zu beschränken.

§ 60.

(1) Ergibt sich, daß für einen Steuerpflichtigen weder Markenblätter abgeliefert noch Überweisungsblätter eingegangen sind, so hat das Finanzamt gegebenenfalls unter Androhung von Strafen für Aufklärung, nachträgliche Ablieferung der zurückgehaltenen Markenblätter oder Nachholung des unterlassenen Steuerabzugs zu sorgen.

(2) In gleicher Weise ist zu verfahren, wenn die abgelieferten Beträge nur für einen Teil des für die Steuerfestsetzung maßgebenden Kalenderjahrs einbehalten und glaubhafte Gründe für die Unterlassung des Steuerabzugs während der übrigen Zeit des Jahres nicht angegeben sind (Krankheit, Arbeitslosigkeit).

§ 61.

(1) Die Kontrolle des § 58 Abs. 1 Nr. 2 (Außenkontrolle) hat sich auf die gesamte Handhabung des Steuerabzugsverfahrens in den Betriebsstätten (Haushaltungen mit Lohnangestellten) zu erstrecken.

(2) Das Hauptaugenmerk ist darauf zu richten, daß sämtliche Arbeitnehmer, auch die nicht ständig beschäftigten, und alle zum steuerbaren Arbeitseinkommen gehörigen Vergütungen, gleichgültig in welcher Form sie gewährt werden, dem Steuerabzug unterworfen sind und daß bei der Berechnung des Steuerabzugs von der richtigen Lohnhöhe ausgegangen ist.

§ 62.

(1) Die Arbeitgeber sind verpflichtet, den mit Durchführung dieser Kontrolle beauftragten Beamten und Angestellten des Finanzamts, sofern sie einen entsprechenden mit ihrem Lichtbild und dem Dienststempel versehenen Ausweis des für die Betriebsstätte zuständigen Finanzamts vorlegen, das Betreten der Geschäftsräume in den üblichen Geschäftsstunden zu gestatten und ihnen die erforderlichen Hilfsmittel (Geräte, Beleuchtung) und einen angemessenen Raum oder Arbeitsplatz zur Erledigung ihrer Obliegenheiten zur Verfügung zu stellen.

(2) Die Arbeitgeber haben den Beauftragten des Finanzamts Einsicht in die von ihnen aufbewahrten Steuerbücher der Arbeitnehmer und in die Lohnbücher der Betriebe sowie in die sonst vorhandenen Aufzeichnungen, Geschäftsbücher und Unterlagen, soweit sie nach dem Ermessen des Prüfenden für die Feststellung der den Arbeitnehmern gezahlten Vergütungen aller Art und die bereits abgeführten Steuerbeträge erforderlich sind, zu gewähren.

(3) Die Arbeitgeber haben ferner jede zum Verständnis der Buchaufzeichnungen vom Prüfenden verlangte Erläuterung zu geben.

§ 63.

Die Arbeitnehmer der Betriebe haben dem mit der Prüfung Beauftragten jede gewünschte Auskunft über Art und Höhe ihrer Bezüge zu geben und auf Verlangen die in ihrem Besitze befindlichen Steuerbücher sowie die Belege über bereits geleistete Steuerzahlungen vorzulegen.

§ 64.

(1) Die Außenkontrolle ist planmäßig zu gestalten, so daß in einem vom Landesfinanzamt festzusetzenden Zeitabschnitt jede Betriebsstätte mindestens einmal einer Nachprüfung unterzogen wird.

(2) Über die Durchführung und das Ergebnis der Prüfungen ist beim Finanzamt eine Liste zu führen, deren Anlegung und Ausgestaltung von den Landesfinanzämtern anzuordnen ist.

§ 65.

(1) Die Träger der Reichsversicherung **nach der Reichsversicherungsordnung und die Träger der Versicherung nach dem Versicherungsgesetz für Angestellte** haben den Finanzbehörden jede zur Durchführung der §§ 45 bis 52 EStG und der den Finanzämtern obliegenden Prüfung und

Aufsicht dienliche Hilfe zu leisten. Insoweit finden **die Vorschriften des** § 142 der Reichsversicherungsordnung **und des § 350 des Versicherungsgesetzes für Angestellte** keine Anwendung.

(2) Über die Zusammenarbeit der Finanzämter mit ihnen ergehen noch die näheren Bestimmungen. — S. Anm. 4 zu § 52 c. —

VII. Abgabe der Steuererklärung (§§ 66 bis 69).

§ 66.

(1) Steuerpflichtige, deren gesamtes steuerbares Einkommen in einem Kalenderjahre den Betrag von **100 000** Mark nicht übersteigt, sind von der durch § 29 EStAB. aufgestellten Verpflichtung zur Abgabe einer Steuererklärung für das entsprechende Kalenderjahr befreit, wenn dieses Einkommen nur aus dem Steuerabzug unterliegenden Arbeitslohn oder aus solchem Arbeitslohn und sonstigem Einkommen bis zu **1200** Mark besteht. Auf diese Einschränkung der Verpflichtung zur Abgabe einer Steuererklärung ist in der durch § 29 EStAB. vorgeschriebenen öffentlichen Aufforderung des Finanzamts hinzuweisen.

(2) Die im Abs. 1 bezeichneten Steuerpflichtigen sind zur Abgabe einer Steuererklärung verpflichtet, wenn sie hierzu vom Finanzamt besonders aufgefordert werden. — S. Anm. zu § 48. —

§ 67.

(1) Die nach § 66 Abs. 1 zur Abgabe einer Steuererklärung nicht verpflichteten Steuerpflichtigen können ihre Veranlagung zur Einkommensteuer beantragen, wenn bei Zugrundelegung der Vorschrift des § 13 Abs. 1 Nr. 1 bis 7 EStG. die nach dieser Vorschrift zulässigen Abzüge den Betrag von **12 000** Mark übersteigen und nicht schon nach § 46 Abs. 2 Nr. 3 EStG. beim Steuerabzuge berücksichtigt worden sind, es sei denn, daß der Unterschied zwischen dem einbehaltenen Betrag und dem auf Veranlagung zu erhebenden Betrage nicht mehr als **90** Mark beträgt.

(2) Das Recht, Veranlagung zu beantragen, steht den im Abs. 1 bezeichneten Steuerpflichtigen auch dann zu, wenn

1. die Voraussetzungen des § 26 Abs. 2 EStG. vorliegen,
2. die Voraussetzungen des § 44 EStG. auf Anrechnung der Kapitalertragsteuer vorliegen.

(3) Das Recht, Veranlagung zu beantragen, ist auch dann gegeben, wenn einem Steuerpflichtigen im Laufe eines Kalenderjahrs die nach §§ 26 Abs. 1, 47 EStG. zulässigen Ermäßigungen bei den einbehaltenen Beträgen nicht voll berücksichtigt sind. — S. Anm. zu § 48 und 49. —

§ 68.

Wird im Falle des § 67 von dem Rechte, Veranlagung zu beantragen, Gebrauch gemacht, so ist dieser Antrag mit einer Einkommensteuererklärung zu verbinden. Antrag und Einkommensteuererklärung sind innerhalb des für die Abgabe der Steuererklärungen nach § 32 EStAB. festgesetzten Zeitraums dem Finanzamt einzureichen. — S. Anm. zu § 48 u. 49. —

§ 69.

Die Steuererklärung ist im Falle der §§ 66 bis 68 auf das gesamte Einkommen zu erstrecken und nach § 31 EStB. aufzustellen. Bedarf es einer Veranlagung nur für das sonstige Einkommen (§ 48 Abs. 2 EStG.), so ist zwecks Prüfung, ob das gesamte steuerbare Einkommen nicht den Betrag von 100 000 Mark übersteigt, die Höhe des bezogenen Arbeitslohns mit anzugeben. — S. Anm. zu § 48 und 49. —

VIII. Veranlagung der Arbeitnehmer (§§ 70 bis 81).

§ 70.

(1) Auf Grund der eingegangenen Marken- oder Überweisungsblätter stellt das Finanzamt nach Ablauf eines jeden Kalenderjahrs in der Hauptsteuerliste oder der besonders aufgestellten Lohnsteuerliste die Gesamthöhe des Arbeitslohns und der einbehaltenen Steuerbeträge der einzelnen Arbeitnehmer in dem vergangenen Kalenderjahre fest.

(2) Soweit nicht schon auf Grund des § 66 Abs. 1 eine Verpflichtung für den Arbeitnehmer zur Abgabe einer Steuererklärung besteht, ist er nach § 66 Abs. 2 vom Finanzamt zur Abgabe einer solchen insbesondere aufzufordern,

1. wenn der Steuerabzug nicht ordnungsmäßig vorgenommen worden ist,
2. wenn irrtümlicherweise eine Erhöhung der Beträge nach § 46 Abs. 2 Nr. 3 EStG. zugelassen worden ist,
3. wenn die eingegangenen Belege über den Steuerabzug es wahrscheinlich machen, daß der Steuerabzug nicht vorschriftsmäßig bewirkt worden ist und insbesondere Grund zu der Annahme vorliegt, daß die Dienstaufwandsentschädigungen in den Steuermarken- und Überweisungsblättern nicht der Wirklichkeit entsprechend in Ansatz gebracht worden sind,
4. wenn trotz der angestellten Nachforschungen die vorgeschriebenen Belege über den Steuerabzug nicht zu erlangen gewesen sind,
5. wenn die Nachforschungen ergeben haben, daß im Laufe des Kalenderjahrs der Bezug von Arbeitslohn weggefallen ist.

(3) Für das bei diesen besonderen Aufforderungen zu beachtende Verfahren gilt § 33 Abs. 1 und 2 EStAB. — S. Anm. 6 zu § 48. —

§ 71.

Das Finanzamt trägt dafür Sorge, daß alle Arbeitnehmer, die entweder zur Abgabe einer Steuererklärung verpflichtet oder hierzu besonders aufgefordert (§ 66 Abs. 2 und § 70 Abs. 2) worden sind, eine Einkommensteuererklärung erreichen. Kommt ein Steuerpflichtiger dieser Verpflichtung innerhalb der gesetzten Frist nicht nach, so ist nach § 32 Abs. 5 EStAB. zu verfahren.

§ 72.

Soweit nach § 48 Abs. 1 EStG. die Steuer als getilgt gilt, findet eine Veranlagung in der Regel nicht statt. Das Finanzamt ist zu einer Veranlagung jedoch berechtigt, wenn die Voraussetzungen zur Einforderung einer Steuererklärung nach § 70 Abs. 2 Ziffer 1 bis 4 gegeben sind. — S. Anm. zu § 48. —

§ 73.

(1) Findet eine Veranlagung des gesamten steuerbaren Einkommens statt (§ 48 Abs. 3 EStG.), so sind im Steuerbescheide von der für ein

Kalenderjahr festgestellten Steuerschuld die im Laufe des entsprechenden Kalenderjahrs auf den Arbeitslohn einbehaltenen und vorschriftsmäßig verwendeten und abgeführten Beträge abzusetzen. Der nach diesem Abzug errechnete Steuerbetrag ist als zu zahlende Steuer anzugeben und in der Hauptsteuerliste (Spalte 27) und im Sollbuch als festgesetzte Jahressteuer einzutragen. Auf dem Steuerbescheide (Muster 19 EStAB.) ist zu diesem Zwecke hinter dem ersten Satze in Zeile 5 handschriftlich einzufügen: „Der als Steuerabzug vom Arbeitslohn einbehaltene Betrag mit . . . . Mark ist bereits abgesetzt."

(2) Bei der Veranlagung des sonstigen Einkommens sind die Belege über den Steuerabzug im vergangenen Kalenderjahre daraufhin zu prüfen, ob bei ihm die dem Arbeitnehmer zustehenden Abzüge nach §§ 26 Abs. 1, 47 EStG. bereits in vollem Umfang berücksichtigt worden sind. Ist dies nicht der Fall, so sind die Abzüge insoweit bei der Veranlagung des sonstigen Einkommens zu berücksichtigen.

(3) Nach dem Betrage, um den die Steuerschuld für ein Kalenderjahr den im gleichen Kalenderjahr auf den Arbeitslohn einbehaltenen und vorschriftsmäßig verwendeten und abgeführten Betrag übersteigt, berechnen sich die gemäß § 42 Abs. 1 EStG. auf die Steuerschuld für das folgende Kalenderjahr zu leistenden Vorausssetzungen. — S. Anm. zu § 48 und 49. —

§ 74.

Findet eine Veranlagung auf Antrag des Steuerpflichtigen statt (§ 67), so wird stets das gesamte steuerbare Einkommen veranlagt. Die Vorschrift des § 73 findet Anwendung. — S. Anm. zu § 48 und 49. —

§ 75.

(1) Soweit eine Veranlagung erfolgt ist, hat der Steuerpflichtige Vorauszahlungen bis zum Empfange des nächsten Steuerbescheids gemäß § 42 Abs. 1 EStG. nur in Höhe des auf die Steuerschuld zu entrichtenden Betrags zu leisten.

(2) Ein Arbeitnehmer, bei dem im Laufe des Kalenderjahrs für den Rest des Kalenderjahrs der Bezug von Arbeitslohn infolge Änderung der Erwerbsverhältnisse wegfällt, hat dies dem Finanzamt anzuzeigen und gleichzeitig die in seinem Besitze befindlichen Einlagebogen mit entwerteten Steuermarken einzureichen. Das Finanzamt hat hierauf die Steuerschuld für das Kalenderjahr nach dem mutmaßlichen Jahresbetrage des für dieses Kalenderjahr steuerbaren Einkommens festzusetzen. Auf die hiernach festgesetzte Steuerschuld ist nur der Betrag zu entrichten, um den diese Steuerschuld den auf den Arbeitslohn einbehaltenen und vorschriftsmäßig verwendeten oder abgeführten Betrag übersteigt. § 73 findet entsprechende Anwendung.

(3) Im Falle des Abs. 2 werden die einbehaltenen und vorschriftsmäßig verwendeten oder abgeführten Beträge, soweit sie auf Vorauszahlungen verrechnet sind, auf die Steuerschuld nicht mehr verrechnet. — S. Anm. zu § 48 und 49. —

§ 76.

Ergibt die gesetzlich vorgeschriebene oder die auf Antrag des Steuerpflichtigen eingetretene Veranlagung des gesamten steuerbaren Einkommens (§ 48 Abs. 3 und § 49 Abs. 3 EStG.), daß die auf den Arbeitslohn einbehaltenen und vorschriftsmäßig verwendeten Beträge über die Steuerschuld hinausgehen oder daß Einkommensteuer nicht zu entrichten ist, so sind die Beträge insoweit nach Veranlagung bar zu erstatten. Der Steuerbescheid hat die näheren diesbezüglichen Berechnungen sowie eine Mitteilung darüber zu enthalten, wann und wo die Beträge ausgezahlt werden. Für möglichste Beschleunigung der Erstattung ist Sorge zu tragen. — S. Anm. zu § 48 und 49. —

§ 77.

(1) Auch wenn eine Veranlagung gesetzlich nicht vorgeschrieben ist oder eine solche nicht beantragt ist, hat bei einem steuerbarem Einkommen unter 100 000 Mark eine Erstattung einbehaltener Steuerbeträge stattzufinden,

1. wenn infolge teilweiser Erwerbslosigkeit die nach § 46 Abs. 2 EStG. zulässigen Ermäßigungen beim Steuerabzuge nicht voll in Anrechnung gebracht worden sind;
2. wenn die Voraussetzungen für die Anwendung des § 26 Abs. 2 EStG. gegeben sind.

(2) Die bare Erstattung der in den Fällen des Abs. 1 Nr. 1 und 2 zuviel einbehaltenen Beträge findet nur auf Antrag des Steuerpflichtigen statt, der beim Finanzamt schriftlich oder zu Protokoll unter Vorlage der entsprechenden Unterlagen zu stellen ist. Das Finanzamt entscheidet, ob die Voraussetzungen des Abs. 1 gegeben sind. Abgesehen von dem Sonderfalle des Abs. 1 findet eine Berücksichtigung des § 26 Abs. 2 EStG. beim Steuerabzugsverfahren nicht statt.

(3) Die Anträge können erst nach Ablauf eines Kalendervierteljahrs, spätestens bis zum 15. des auf den Ablauf des Kalendervierteljahrs folgenden Monats, gestellt werden. — S. Anm. 7 zu § 49. —

§ 78.

(1) Soweit die Veranlagung zur Einkommensteuer die Grundlage für Besteuerungsrechte von Körperschaften des öffentlichen Rechtes, insbesondere für die Kirchensteuer darstellt, gelten bei unterbliebener Veranlagung die vom Arbeitslohn einbehaltenen und vorschriftsmäßig verwendeten und abgeführten Beträge als veranlagt. In diesem Falle gilt die Summe der gemäß § 57 in Spalte 33 der Hauptsteuerliste oder der besonders anzulegenden Spalte der Hauptsteuerliste oder in der entsprechenden Spalte der Lohnsteuerliste eingetragenen Steuerbeträge als veranlagte Jahressteuer. Findet sowohl Steuerabzug als auch Veranlagung statt, so bildet die Summe der eingetragenen Steuerbeträge und außerdem der in Spalte 27 der Hauptsteuerliste eingetragenen Steuer die Grundlage für die Besteuerungsrechte der genannten Körperschaften.

(2) Die gleichen Grundsätze gelten bei Feststellung von Einkommensteuerbeträgen zur Verteilung an Reich, Länder und Gemeinden. — S. Anm. zu § 52 b. —

§ 79.

(1) Der Arbeitgeber haftet dem Reiche für die Einbehaltung und Entrichtung der in den §§ 46, 47 EStG. bestimmten Beträge neben dem Arbeitnehmer als Gesamtschuldner.

(2) Die Haftung des Arbeitnehmers beschränkt sich auf die Fälle, in denen

1. der Arbeitnehmer den Arbeitslohn nicht vorschriftsmäßig gekürzt erhalten hat,

2. der Arbeitgeber die einbehaltenen Beträge nicht vorschriftsmäßig verwendet hat und dem Arbeitnehmer dies bekannt ist; in diesem Falle erlischt die Haftung, wenn der Arbeitnehmer dem Finanzamt von dieser Kenntnis unverzüglich Mitteilung macht. — S. Anm. zu § 52. —

§ 80.

Ob und inwieweit im Einzelfalle die Vorschriften des Gesetzes über die Einkommensteuer vom Arbeitslohn anzuwenden sind, entscheidet auf Anruf eines der Beteiligten das Finanzamt. Gegen die Entscheidung des Finanzamts ist nur die Beschwerde an das Landesfinanzamt zulässig. Die Beschwerdeentscheidung ist für das nachfolgende Veranlagungsverfahren nicht bindend. — S. Anm. zu § 52 a. —

§ 81.

(1) Jedermann ist verpflichtet, dem Finanzamt auf Verlangen innerhalb einer von diesem zu bestimmenden Frist genaue Angaben darüber zu machen, welche Personen er im Laufe des für die Veranlagung maßgebenden Kalenderjahrs gegen Lohn, Gehalt oder sonstiges Entgelt beschäftigt hat und welches Einkommen er diesen Personen gewährt hat.

(2) Lohnlisten in dem durch §§ 34 bis 38 EStAB. gebotenen Umfang sind nur auf Verlangen des für den Arbeitgeber zuständigen Finanzamts einzureichen.

IX. Übergangs- und Schlußbestimmungen (§§ 82 bis 85).

§ 82.

Ist ein Arbeitnehmer bis zum 31. Januar 1922 nicht im Besitz eines Steuerbuchs, so hat der Arbeitgeber bis zu diesem Zeitpunkt 10 vom Hundert des Arbeitslohns einzubehalten und die Ermäßigungen nach den Angaben des Arbeitnehmers vorzunehmen, soweit ihm dieselben glaubhaft erscheinen, und die Steuermarken in lose Einlagebogen einzukleben und zu entwerten.

§ 83.

Abweichend von der Vorschrift der §§ 31 bis 34 ist die Stellung der Anträge für das Kalenderjahr 1922 bis zum 31. März 1922 zulässig. Die Ergänzung wirkt erst von der Lohnzahlung ab, bei der das ergänzte Steuerbuch vorgelegt wird.

§ 83 a.

In die Steuerbücher für 1922 haben die Gemeindebehörden zur Vermeidung von Irrtümern die alten Jahresgesamtermäßigungen von 120 Mark für den Steuerpflichtigen selbst, 120 Mark für die Ehefrau, 180 Mark für die minderjährigen Kinder und 180 Mark zur Abgeltung der nach § 13 EStG. zulässigen Abzüge einzusetzen.

§ 83 b.

Zur Ausführung des § 7 hat der Arbeitgeber bei jeder Lohnzahlung für den in der Zeit nach dem 31. Juli 1922 gezahlten und nach dem 31. Juli 1922 fällig gewordenen Arbeitslohn an Stelle der von der Gemeindebehörde oder dem Finanzamt auf dem Steuerbuche vermerkten Jahresgesamtermäßigung bei Berechnung des gemäß § 37

einzubehaltenden Betrages bei monatlicher Lohn- oder Gehaltszahlung eine Monatsermäßigung zu berücksichtigen, die beträgt:

a) **für den Steuerpflichtigen und für seine zu seiner Haushaltung zählende Ehefrau je 40 Mark monatlich,**

b) **für den Steuerpflichtigen zur Abgeltung der nach § 13 Abs. 1 Nr. 1 bis 7 EStG. zulässigen Abzüge monatlich 90 Mark, es sei denn, daß das Finanzamt gemäß §§ 33, 34 eine höhere Jahresermäßigung als 1080 Mark zugelassen hat,**

c) **für jedes zur Haushaltung des Steuerpflichtigen zählende minderjährige Kind, soweit es kein eigenes Arbeitseinkommen bezieht, oder für jedes nicht über 17 Jahre alte Kind, soweit es eigenes Arbeitseinkommen bezieht, oder für jeden vom Finanzamt zur Berücksichtigung zugelassenen mittellosen Angehörigen 80 Mark monatlich.**

Bei kürzeren als monatlichen Lohnzahlungsperioden hat der Arbeitgeber den für die einzelnen Lohnzahlungsperioden in Betracht kommenden Teilbetrag der Ermäßigung aus der Hilfstabelle zu entnehmen.

Insoweit findet für das Kalenderjahr 1922 die Vorschrift des § 37, nach der für den Arbeitgeber die auf dem Steuerbuch vermerkte Jahresgesamtermäßigung bindend und er nicht berechtigt ist, von dieser Jahresgesamtermäßigung abzuweichen, keine Anwendung.

§ 84.

(1) Die vor Inkrafttreten dieser Bestimmungen erteilten Genehmigungen zur Barabführung oder Überweisung der einbehaltenen Steuerbeträge behalten mit den durch diese Bestimmungen angeordneten Änderungen auch weiterhin ihre Gültigkeit.

(2) Das Gleiche gilt für die Zulassung zu dem vereinfachten Steuerabzugsverfahren der Behörden nach Maßgabe der Bekanntmachung vom 11. Juli 1921 (Zentralblatt für das Deutsche Reich S. 661). — Ersetzt durch Bekanntmachung vom 2. Januar 1922 (Zentralblatt für das Deutsche Reich 25. November 1921 (Reichs-Gesetzbl. S. 1487) in Kraft gesetzt. —

§ 85.

(1) Vorstehende Bestimmungen treten gleichzeitig mit dem Gesetz über die Einkommensteuer vom Arbeitslohne vom 11. Juli 1921 (Reichs-Gesetzbl. S. 845) in Kraft. — Mit dem 1. Januar 1922 durch Verordnung vom 1922 S. 19, im Anhang abgedruckt). —

(2) Die bisher erlassenen Bestimmungen und Einzelverfügungen über den Steuerabzug treten insoweit außer Kraft, als sie mit diesen Bestimmungen nicht übereinstimmen. — Erl. RFM. vom 16. Januar 1922 III E 761. —

Berlin, den $\frac{\text{21. Juli 1922}}{\text{3./22. Dezember 1921}}$.

Der Reichsminister der Finanzen

In Vertretung:

Zapf.

Verordnung
über Befreiungen von der Einkommensteuer nach dem Einkommensteuergesetze vom 29. März 1920 (Reichs-Gesetzbl. S. 359).

(Reichssteuerblatt 1921 S. 185.)

Auf Grund des § 7 und des § 108 Abs. 2 der Reichsabgabenordnung vom 13. Dezember 1919 (Reichs-Gesetzbl. S. 1993 ff.) bestimme ich mit Zustimmung des Reichsrats das Folgende:

§ 1.

Natürliche Personen, die nach § 2 Nr. I des Einkommensteuergesetzes vom 31. März 1920 unbeschränkt steuerpflichtig sind und die in einem nicht zum Deutschen Reiche gehörigen Lande oder in einem der deutschen Steuerhoheit entzogenen Gebietsteil des Deutschen Reichs zu einer der Einkommensteuer entsprechenden Steuer herangezogen werden, sind berechtigt, diese Steuer in Höhe des nachweislich gezahlten Betrags bei Berechnung des steuerbaren Einkommens in Abzug zu bringen, soweit diese Steuer auf Einkommen fällt, das der inländischen Einkommensteuer unterworfen ist.

Die Bestimmung des Abs. 1 findet keine Anwendung, soweit die Steuer auf Einkommen aus inländischem Grundbesitz, aus inländischem Gewerbebetrieb, aus einer im Inland ausgeübten Erwerbstätigkeit oder auf solche regelmäßig wiederkehrende Bezüge oder Unterstützungen entfällt, die aus inländischen öffentlichen Kassen mit Rücksicht auf eine gegenwärtige oder frühere Dienstleistung oder Berufstätigkeit gewährt werden.

§ 2.

Natürliche Personen, die nach § 2 Nr. II des Einkommensteuergesetzes vom 29. März 1920 beschränkt steuerpflichtig sind und die in einem auf Grund des Friedensvertrages aus dem Deutschen Reiche ausgeschiedenen Gebiet oder zur Zeit der deutschen Steuerhoheit entzogenen Gebietsteil des Deutschen Reichs ihren Wohnsitz oder gewöhnlichen Aufenthalt haben, ohne im Deutschen Reiche einen Wohnsitz zu haben, werden mit solchen regelmäßig wiederkehrenden Bezügen oder Unterstützungen, die aus inländischen öffentlichen Kassen mit Rücksicht auf eine gegenwärtige oder frühere Dienstleistung oder Berufstätigkeit gewährt werden, von der Einkommensteuer freigestellt. Die Freistellung erfolgt nur insolange und insoweit, als diese Bezüge in dem Gebiete, in dem die Personen ihren Wohnsitz oder ihren gewöhnlichen Aufenthalt haben, einer entsprechenden Steuer unterliegen oder als nicht durch den Abschluß eines Staatsvertrages oder auf andere Weise die Doppelbesteuerung beseitigt ist.

Berlin, den 30. März 1921.

Der Reichsminister der Finanzen.
Dr. Wirth.

Steuerabzug bei Behörden.

1. Der Steuerabzug von den Bezügen der Beamten, der in einem dauernden Dienstverhältnis stehenden Angestellten, der Ruhegehaltsempfänger und Hinterbliebenen kann bei Reichs- und Landesbehörden sowie bei Gemeindeverwaltungen, Körperschaften des öffentlichen Rechtes, Landesbanken und ähnlichen Organisationen, deren Geschäftsführung die erforderliche Sicherheit gewährt, auf Antrag in einem erleichterten Verfahren bewirkt werden.

2. Nach diesem Verfahren kommt das Kleben von Steuermarken und das Ausschreiben von Überweisungsblättern in Wegfall.

3. Der Empfangsberechtigte hat sein Steuerbuch gemäß § 51 des Einkommensteuergesetzes der auszahlenden Kasse vorzulegen oder zu übersenden. Solange das Steuerbuch nicht vorliegt, ist der gesetzliche Steuerabzug ohne Berücksichtigung von Ermäßigungen vorzunehmen.

4. Nach Ablauf jeden Kalenderjahrs sind für die Besoldungs- u. s. w. Empfänger von der zahlenden Kasse Ausweise für das abgelaufene Kalenderjahr auszustellen. Diese Ausweise, welche die Steuermarken- bzw. Steuerüberweisungsblätter ersetzen, haben die auszahlenden Kassen bis Ende Januar jeden Jahres an die für die Empfangsberechtigten zuständigen, aus den Steuerbüchern ersichtlichen Finanzämter einzusenden. Hierbei haben sie die Ausweise, nach Gemeinden geordnet, in Nachweisungen nach Muster 5 der Durchführungsbestimmungen zum Gesetz über die Einkommensteuer vom Arbeitslohn — Zentralblatt für das Deutsche Reich S. 913 — einzutragen. Der Ausfüllung der Geldspalte bedarf es dabei nicht. Die Finanzämter behandeln die ihnen zugehenden Ausweise wie die Steuermarken- und Überweisungsblätter (§§ 43 und 56 a. a. O.).

5. Geht die Zahlung der Bezüge im Laufe des Kalenderjahrs auf eine andere Kasse über, so hat sowohl die bisher zahlende als auch die neue Kasse einen Ausweis über die für sie in Frage kommende Zeit auszufertigen. Die alte Kasse hat den Ausweis sofort dem für den Empfangsberechtigten bis dahin zuständigen Finanzamt zu übersenden.

6. Wird nach Ausfertigung eines Ausweises eine Nachzahlung (z. B. infolge nachträglicher Erhöhung der Ortsklassen, rückwirkender Beförderung u. s. w.) auf ein abgelaufenes Kalenderjahr erforderlich, so ist für den davon einzubehaltenden Abzug ein besonderer Ausweis auszufertigen und sofort dem Finanzamt — Ziffer 4 — zu übersenden.

7. Scheidet ein Zahlungsempfänger gänzlich aus dem Verhältnis zu der zugelassenen Behörde u. s. w. aus, so ist sofort dem für ihn bis dahin zuständigen, aus dem Steuerbuch ersichtlichen Finanzamt ein Ausweis zu übersenden.

8. In den Fällen der Ziffern 5 bis 7 ist in den Ausweisen in der Bemerkungsspalte der Grund für die Übersendung der Ausweise kurz anzugeben.

9. Die Ausweise sind von den zahlenden Kassen durch Nummern oder in anderer Art so zu kennzeichnen, daß sie später leicht mit den entsprechenden Eintragungen in den Zahlungsnachweisungen, Abzugslisten usw. verglichen werden können. In Verlust geratene Ausweise können durch Doppel ersetzt werden, die aber als solche deutlich zu bezeichnen sind. Die Ausfertigung der Ausweise und Doppel ist in den Zahlungsnachweisungen u. s. w. zu vermerken.

10. Die Vordrucke zu den Ausweisen sind von den die Besoldungen u. s. w. zahlenden Kassen bzw. deren vorgesetzten Behörden zu beschaffen. Denjenigen Verwaltungen, welche von dem erleichterten Verfahren Gebrauch machen wollen, fällt die Aufgabe zu, die Ausweise so zu behandeln, daß Mißbräuche ausgeschlossen sind.

11. Die den Abzug bewirkenden Kassen haben die einbehaltenen Beträge in kürzester Frist nach den regelmäßigen Zahltagen der Reichsfinanzverwaltung in einer Summe ohne Aufführung der einzelnen Steuerpflichtigen unter entsprechender Bezeichnung (z. B. Lohnabzug bei der Besoldungszahlung am ....) zuzuführen. Die Zuführung kann in der Art erfolgen, daß die Einzelkassen die Abzüge an die Kasse des für den betreffenden Bezirk zuständigen oder eines anderen ihnen zu bezeichnenden Finanzamts abliefern oder, indem die Abzüge innerhalb einer Verwaltung gesammelt und dann an eine Oberfinanzkasse — gegebenenfalls auf das Ablieferungskonto einer solchen bei der Reichshauptkasse — abgeführt werden. Die von dem neuen Verfahren Gebrauch machenden Verwaltungen haben Vorsorge zu treffen, daß die Abzüge rechtzeitig und vollständig abgeliefert werden.

Die Art der Abführung wird für jede Verwaltung durch besondere Abmachungen geregelt. Eine Regelung dahin, daß die Abführung der Lohnabzüge an mit der Erhebung der Einkommensteuer betraute Gemeindekassen (Hilfskassen) zu erfolgen habe, ist nicht zulässig.

12. Die Reichsfinanzverwaltung behält sich das Recht vor, die Ausweise zu prüfen und die Abführung der fremden Kassen hinsichtlich der Vollständigkeit und Rechtzeitigkeit zu überwachen. Die Zahlungsnachweisungen oder Abzugslisten, in denen die Steuerabzüge nachgewiesen sind, nötigenfalls auch deren Unterlagen sind 3 Jahre lang aufzubewahren und zur Verfügung der Reichsfinanzverwaltung zu halten.

13. Über die Anträge der Reichs- und Landesbehörden entscheidet der Reichsminister der Finanzen, über diejenigen der Gemeinden, Körperschaften u. s. w. der Präsident des Landesfinanzamts; erstreckt sich der Bereich einer solchen Körperschaft u. s. w. über mehrere Landesfinanzämter, so steht die Entscheidung dem Reichsminister der Finanzen zu.

14. Im übrigen finden, soweit hier nichts anderes bestimmt, die Durchführungsbestimmungen zum Gesetz über die Einkommensteuer vom Arbeitslohne Anwendung.

15. Abzüge, die nach dem 1. Januar 1922 von Nachzahlungen für das Rechnungsjahr 1920 oder für die Zeit vom 1. April bis 31. Dezember 1921 gemacht werden, können auch von neu zum Verfahren zugelassenen Behörden u. s. w. nach dem neuen Verfahren behandelt werden (vgl. Ziffer 11). Beträge, die schon durch Verwendung von Steuermarken entrichtet oder im alten Listenverfahren an die Finanzkassen abgeführt sind, sind in die Ausweise nicht aufzunehmen.

16. Diese Bekanntmachung tritt vom 1. Januar 1922 an die Stelle der Bekanntmachung vom 11. Juli 1921 (Zentralblatt für das Deutsche Reich S. 661). Für Behörden u. s. w., welche bereits zum Verfahren nach der Bekanntmachung vom 11. Juli 1921 zugelassen sind, bleibt die erteilte Genehmigung bestehen; sie haben jedoch vom 1. Januar 1922 ab nach den neuen Vorschriften zu verfahren.

17. Die Ausweise, welche von bereits zugelassenen Behörden über die Zeit vor dem 1. Januar 1922 auszustellen sind, haben nur die Abzüge vom 1. April 1921 bzw. dem Zeitpunkt der erstmaligen Anwendung des Verfahrens bis zum 31. Dezember 1921 zu umfassen.

Berlin, den 2. Januar 1922.

Der Reichsminister der Finanzen.

In Vertretung

Zapf.

Der Reichsminister der Finanzen.
III. E. 38980.

Berlin, den 20. Januar 1922.

Zur Ausführung vorstehender Bekanntmachung bestimme ich:

1. Für jede zu dem Verfahren zugelassene Behörde usw. haben die Finanzkassen bzw. Oberfinanzkassen, an welche die Abführung der Steuerabzüge zu bewirken ist, im Arbeitgeberkontobuch ein Konto anzulegen.

2. Jede Ablieferung von Steuerabzügen einer zugelassenen fremden Behörde usw. ist im Einnahmebuch über Einkommensteuer in der Spalte für Barzahlungen unter Angabe der einzahlenden Stelle in Spalte 4 einzutragen und im Arbeitgeberkontobuch anzuschreiben. In Spalte 3 des Einkommensteuereinnahmebuchs ist auf den Eintrag im Arbeitgeberkontobuch hinzuweisen. Steuerabzüge, die von den Kassen der Finanzämter oder von den Oberfinanzkassen einbehalten werden, sind von diesen Kassen in einer Summe in ihr Einkommensteuereinnahmebuch zu übernehmen. Zollkassen führen den Abzug nach Anordnung des Landesfinanzamts an die Kasse eines Finanzamts oder an die Oberfinanzkasse ab.

3. Die dem Finanzamt zugehenden Ausweise werden ebenso behandelt wie die Steuermarken- und Überweisungsblätter (§§ 43 und 56 der Durchführungsbestimmungen zum Gesetz über die Einkommensteuer vom Arbeitslohn — Zentralblatt für das Deutsche Reich 1921 S. 913). Wird ein Doppel übergeben, so ist dies in der Hauptsteuerliste (Lohnsteuerliste) erkennbar zu machen.

4. Die für die Dienststellen der Reichsfinanzverwaltung benötigten Vordrucke zu den Ausweisen und den Nachweisungen (Ziffer 4 der Bekanntmachung) hält das Reichsfinanzzeugamt vorrätig.

5. Die Vordrucke zu den Ausweisen sind mit besonderer Sorgfalt wie Scheckformulare aufzubewahren, um jede mißbräuchliche Verwendung auszuschließen. Sie sind bei der Ausfertigung von zwei Kassenbeamten zu unterzeichnen, bei nur mit einem Beamten besetzten Kassen von diesem und dem Kassenaufsichtsbeamten. Kein Beamter darf sich selbst einen Ausweis ausstellen.

6. Die Ablieferungen der zugelassenen Behörden usw. unterliegen einer Nachprüfung durch die Reichsfinanzverwaltung auf die Rechtzeitigkeit und Vollständigkeit.

a) Die Rechtzeitigkeit der Ablieferungen wird laufend auf Grund des Arbeitgeberkontobuchs überwacht. Auf strenge Einhaltung der vorgeschriebenen oder vereinbarten Fristen ist mit Nachdruck hinzuwirken.

b) Zur Prüfung der Vollständigkeit sind die Zahlungsnachweisungen, Abzugslisten usw., nötigenfalls auch deren Unterlagen, von den fremden Behörden usw. einzufordern oder durch Beauftragte der Reichsfinanzverwaltung einsehen zu lassen. Die Prüfung kann stichprobenweise erfolgen. Die Zeitabschnitte, in denen die Prüfungen vorzunehmen sind, bestimmt das Landesfinanzamt. Von der Prüfung kann bei Reichs- und Landesbehörden nach näherer Vereinbarung zwischen diesen und dem Reichsminister der Finanzen abgesehen werden, wenn die fremde Verwaltung die Verpflichtung übernimmt, die vollständige Ablieferung aller einbehaltenen Steuerbeträge durch ihre eigenen Aufsichtsbeamten kontrollieren zu lassen und am Jahresschluß eine entsprechende Bescheinigung abzugeben. Die Bescheinigungen gehen zu den Akten der Finanzämter. Bereits nach dem alten Verfahren getroffene Vereinbarungen bleiben in Kraft. Die gleiche Vergünstigung kann unter denselben Voraussetzungen nach dem Ermessen der Präsidenten der Landesfinanzämter auch Gemeindeverwaltungen gewährt werden, die über eine hinreichend sicher arbeitende Kassenaufsicht oder Rechnungskontrolle verfügen.

7. Die Ausweise sind bei Verdacht der Fälschung sofort zu prüfen oder, falls sie von einer auswärtigen Behörde usw. ausgestellt sind, durch Vermittlung des Finanzamts, in dessen Bezirk jene ihren Sitz hat, prüfen zu lassen.

Auch ohne Verdacht unterliegen die Ausweise einer Prüfung auf ihre Übereinstimmung mit den Zahlungsnachweisungen, Abzugslisten usw., die durch Stichproben geschehen kann. Wenn bei einer fremden Verwaltung örtliche Dienststellen die Ausweise ausfertigen, so vergleicht das Finanzamt, in dessen Bezirk die fremden Dienststellen ihren Sitz haben, eine Anzahl Ausweise mit den Zahlungsnachweisungen, Abzugslisten usw. der fremden Verwaltung. Das Finanzamt kann Ausweise, die bei anderen Finanzämtern abgegeben sind, zur Prüfung einfordern, auch hat es Prüfungsersuchen anderer Finanzämter stattzugeben. Stellt bei einer fremden Verwaltung eine Zentralkasse die Ausweise aus, so wird diese Kasse hinsichtlich der Prüfung der Ausweise einem Landesfinanzamt oder einem bestimmten Finanzamt zugeteilt. Dieses fertigt aus der Zahlungsnachweisung, Abzugsliste usw. der fremden Verwaltung stichprobenweise Auszüge, in denen jeweils nur Empfangsberechtigte ein und desselben Finanzamtsbezirks oder desselben Ortes aufzuführen sind, und übersendet sie, nötigenfalls durch Vermittlung des zuständigen Landesfinanzamts, den Finanzämtern der Wohnsitze der Zahlungsempfänger zur Prüfung. Diese senden die Auszüge nach erfolgter Vergleichung mit den bei ihnen befindlichen Ausweisen an das ausfertigende Finanzamt oder Landesfinanzamt zurück.

Jeder geprüfte Ausweis und Auszug ist von dem Prüfungsbeamten unter Angabe von Datum und Amtsstelle mit einem unterschriftlich zu vollziehenden Vermerk zu versehen. Wieviel Ausweise nachgeprüft worden sind, ist aktenmäßig unter näherer Bezeichnung derselben festzuhalten.

Fremden Reichs- und Landesbehörden gegenüber kann nach näherer Vereinbarung zwischen diesen und dem Reichsminister der Finanzen von der eigenen Prüfung der Ausweise ganz oder in beschränktem Umfange abgesehen werden, wenn die fremde Verwaltung die Verpflichtung übernimmt, die Prüfung auf schriftliches Ersuchen der Finanzämter durch ihre eigenen Aufsichtsbeamten vornehmen zu lassen. Abs. 3 findet gleichmäßige Anwendung. Vereinbarungen, die unter Geltung des alten Verfahrens bereits getroffen sind, bleiben bestehen.

8. Im übrigen wird die ordnungsmäßige Durchführung des Steuerabzugsverfahrens den zugelassenen Behörden usw. gegenüber in sinngemäßer Anwendung der Vorschriften der Durchführungsbestimmungen zum Gesetz über die Einkommensteuer vom Arbeitslohn überwacht.

9. Etwa erforderliche weitere Anweisungen erteilen die Präsidenten der Landesfinanzämter.

10. Dieser Erlaß tritt an die Stelle des Erlasses vom 11. Juli 1921 $\frac{\text{III E 18980}}{\text{IV 20277}}$. **Er wird im Amtsblatt der Reichsfinanzverwaltung veröffentlicht.**

In Vertretung

Zapf.

Merkblatt.*)

Die Beträge, um die sich der von dem Arbeitslohn (Bar- und Natural- oder Sachbezüge einzubehaltende Betrag von 10 vom Hundert des Arbeitslohns ermäßigt, betragen bei jeder **nach dem 31. Juli 1922 erfolgenden Lohnzahlung von einem nach dem 31. Juli 1922 fällig gewordenen Arbeitslohn vom 1. August 1922 ab**

1. für den Arbeitnehmer selbst monatlich 40 Mark (bisher 20 Mark),
2. für den für den Arbeitnehmer zugelassenen Pauschsatz zur Abgeltung der nach § 13 zulässigen Abzüge (Werbungskostenpauschsatz) monatlich 90 Mark (bisher 45 Mark),
3. für die zur Haushaltung des Arbeitnehmers zählende Ehefrau monatlich 40 Mark (bisher 20 Mark),
4. für jedes zur Haushaltung des Arbeitnehmers zählende minderjährige Kind ohne eigenes Arbeitseinkommen bzw. nicht über 17 Jahre alte Kind mit eigenem Arbeitseinkommen oder für jeden vom Finanzamt zur Berücksichtigung zugelassenen mittellosen Angehörigen monatlich 80 Mark (bisher 30 Mark).

Diese Ermäßigungen in Höhe von 40, 90 und 80 Mark monatlich — die entsprechenden Umrechnungssätze bei kürzeren Lohnzahlungsperioden siehe Rückseite — sind bei jeder Lohnzahlung nach dem 31. Juli 1922 für einen nach diesem Zeitpunkt fällig gewordenen Arbeitslohn zu berücksichtigen.

Der Arbeitgeber bleibt nach wie vor an die auf dem Steuerbuche für die Berücksichtigung vermerkte Zahl von Familienangehörigen gebunden, er kann z. B. nicht, wenn auf dem Steuerbuch die Ermäßigung für ein minderjähriges

---

*) Das Merkblatt samt der Tabelle bildet einen Anhang zu dem Erlaß des Reichsministers der Finanzen vom 17. Juli 1922 III E 11857. Von einem Abdruck ist abgesehen worden, da die darin getroffenen Anordnungen bei den Erläuterungen zu den einzelnen Gesetzesbestimmungen und im Texte der Durchführungsbestimmungen bereits berücksichtigt sind.

Gültig ab 1. August 1922.

Die bei monatlicher, wöchentlicher, täglicher oder zweistündlicher Lohn- oder Gehaltszahlung zu berücksichtigende Ermäßigung des von dem Arbeitslohn (Geld und Natural- oder Sachbezüge) einzubehaltenden Betrages von 10 v. H. beträgt:

Familienstand	monatlich	wöchentlich	täglich	zweistündlich
Unverheirateter oder verwitweter Arbeitnehmer ohne Kinder	130,00	31,20	5,20	1,30
Verheirateter Arbeitnehmer ohne Kinder . .	170,00	40,80	6,80	1 70
Unverheirateter oder verwitweter Arbeitnehmer mit 1 mittellosen Angehörigen oder 1 minderjährigen Kind	210,00	50,40	8,40	2,10
Verheirateter Arbeitnehmer mit 1 minderjährigen Kind oder mittellosen Angehörigen	250,00	60,00	10,00	2,50
Ledig oder verwitwet mit 2 minderjährigen Kindern oder mittellosen Angehörigen . .	290,00	69,60	11,60	2,90
Verheiratet mit 2 minderjährigen Kindern oder mittellosen Angehörigen	330,00	79,20	13,20	3,30
Ledig oder verwitwet mit 3 minderjährigen Kindern oder mittellosen Angehörigen . .	370,00	88,80	14,80	3,70
Verheiratet mit 3 minderjährigen Kindern oder mittellosen Angehörigen	410,00	98,40	16,40	4,10
Ledig oder verwitwet mit 4 minderjährigen Kindern oder mittellosen Angehörigen . .	450,00	108,00	18,00	4,50
Verheiratet mit 4 minderjährigen Kindern oder mittellosen Angehörigen	490,00	117,60	19,60	4,90
Ledig oder verwitwet mit 5 minderjährigen Kindern oder mittellosen Angehörigen . .	530,00	127,20	21,20	5,30
Verheiratet mit 5 minderjährigen Kindern oder mittellosen Angehörigen	570,00	136,80	22,80	5,70
Ledig oder verwitwet mit 6 minderjährigen Kindern oder mittellosen Angehörigen . .	610,00	146,40	24,40	6,10
Verheiratet mit 6 minderjährigen Kindern oder mittellosen Angehörigen	650,00	156,00	26,00	6,50
Ledig oder verwitwet mit 7 minderjährigen Kindern oder mittellosen Angehörigen . .	690,00	165,60	27,60	6,90
Verheiratet mit 7 minderjährigen Kindern oder mittellosen Angehörigen	730,00	175,20	29,20	7,30
Ledig oder verwitwet mit 8 minderjährigen Kindern oder mittellosen Angehörigen . .	770,00	184,80	30,80	7,70
Verheiratet mit 8 minderjährigen Kindern oder mittellosen Angehörigen	810,00	194,40	32,40	8,10
Ledig oder verwitwet mit 9 minderjährigen Kindern oder mittellosen Angehörigen . .	850,00	204,00	34,00	8,50
Verheiratet mit 9 minderjährigen Kindern oder mittellosen Angehörigen	890,00	213,60	35,60	8,90
Ledig oder verwitwet mit 10 minderjährigen Kindern oder mittellosen Angehörigen . .	930,00	223,20	37,20	9,30
Verheiratet mit 10 minderjährigen Kindern oder mittellosen Angehörigen	970,00	232,80	38,80	9,70

Kind vorgetragen ist, für ein inzwischen hinzugekommenes weiteres Kind, für das vom Finanzamt eine Ermäßigung nicht vorgetragen ist, noch eine Ermäßigung berücksichtigen.

Beispiele:

1. Unverheirateter Arbeitnehmer mit 3500 Mark Monatsarbeitslohn. Ab 1. August 1922 sind von dem für den Monat August und für die folgenden Monate gezahlten Arbeitslohn monatlich einzubehalten: 350 Mark (d. i. 10 vom Hundert von 3500 Mark) — (40 + 90 =) 130 Mark = 220 Mark.
2. Verheirateter Arbeitnehmer ohne Kinder, den vom Finanzamt eine Erhöhung des Werbungskostenpauschsatzes von 540 Mark auf 780 Mark jährlich zugelassen worden ist, mit einem Monatsarbeitslohn von 2700 Mark. Monatlich ab 1. August einzubehalten: 270 — (40 + 90 + 40 =) 170 Mark = 100 Mark.
3. Verheirateter Arbeitnehmer mit 2 minderjährigen Kindern. Wochenlohn 1200 Mark. Ab 1. August 1922 wöchentlich einzubehalten: 120 — (9,60 + 21,60 + 9,60 + 19,20 + 19,20 =) 79,20 Mark = 40,80 Mark = abgerundet auf 40 Mark.
4. Verheirateter Arbeitnehmer mit 3 minderjährigen Kindern und 2 vom Finanzamt zur Berücksichtigung zugelassenen mittellosen Angehörigen: Tageslohn 210 Mark. Ab 1. August 1922 kein Steuerabzug mehr, da die Ermäßigungen zu (1,60 + 3,60 + 1,60 + (5 × 3,20 =) 22,80 Mark den an sich einzubehaltenden Betrag von 21 Mark (d. i. 10 vom Hundert von 210 Mark) übersteigen.

Auszug aus dem Einkommensteuergesetz.

Nachstehend ist das Einkommensteuergesetz vom 29. März 1920 (Reichs-Gesetzbl. S. 359) unter Berücksichtigung der durch die Gesetze vom 31. März 1920 (Reichs-Gesetzbl. S. 428), 21. Juli 1920 (Reichs-Gesetzbl. S. 1463), 24. März 1921 (Reichs-Gesetzbl. S. 313), 11. Juli 1921 (Reichs-Gesetzbl. S. 845), 20. Dezember 1921 (Reichs-Gesetzbl. S. 1580) und 20. Juli 1922 (Reichs-Gesetzbl. S. 607) eingetretenen Änderungen und Ergänzungen auszugsweise abgedruckt. Die durch das letztgenannte Gesetz eingetretenen, erstmalig bei der Veranlagung für das Kalenderjahr 1922 zur Anwendung kommenden Änderungen sind durch Fettdruck ersichtlich gemacht.

§ 2.

Einkommensteuerpflichtig sind

I. mit ihrem gesamten Einkommen:

1. Deutsche, soweit sie sich nicht länger als zwei Jahre dauernd im Ausland aufhalten, ohne im Inland einen Wohnsitz zu haben.

   Beamte des Reichs oder der Länder und Militärpersonen, die ihren dienstlichen Wohnsitz im Ausland haben, sowie die in ihren Diensten stehenden Deutschen sind ohne Rücksicht auf die Dauer ihres Aufenthalts im Ausland einkommensteuerpflichtig, soweit sie an ihrem ausländischen Wohnsitz nicht zu einer entsprechenden direkten Steuer herangezogen werden. Wahlkonsuln gelten nicht als Beamte im Sinne dieser Vorschrift;

2. Nichtdeutsche, wenn sie im Deutschen Reiche einen Wohnsitz oder des Erwerbes wegen oder länger als sechs Monate ihren gewöhnlichen Aufenthalt haben. Wird die Steuerpflicht durch einen Aufenthalt von mehr als sechs Monaten begründet, so erstreckt sich die Steuerpflicht auch auf die ersten sechs Monate;

II. mit ihrem Einkommen aus inländischem Grundbesitz, aus inländischem Gewerbebetrieb, aus einer im Inland ausgeübten Erwerbstätigkeit oder mit solchen regelmäßig wiederkehrenden Bezügen oder Unterstützungen, die aus inländischen öffentlichen Kassen mit Rücksicht auf eine gegenwärtige oder frühere Dienstleistung oder Berufstätigkeit gewährt werden:

alle natürlichen Personen ohne Rücksicht auf Staatsangehörigkeit, Wohnsitz oder Aufenthalt.

§ 3.

Von der Einkommensteuer sind Personen befreit, denen unter Wahrung der Gegenseitigkeit nach allgemeinen völkerrechtlichen Grundsätzen oder denen nach besonderen, mit anderen Staaten getroffenen Vereinbarungen ein Anspruch auf Befreiung von den persönlichen Steuern zusteht.

§ 9.

Zum Einkommen aus Arbeit gehören:

1. Gehälter, Besoldungen, Löhne, Tantiemen, Gratifikationen oder unter sonstiger Benennung gewährte Bezüge und geldwerte Vorteile der in öffentlichem oder in privatem Dienste angestellten oder beschäftigten Personen;
2. der Erwerb aus wissenschaftlicher, künstlerischer, schriftstellerischer, unterrichtender oder erziehender Tätigkeit, aus der Berufstätigkeit der Ärzte, Rechtsanwälte, Architekten, Ingenieure und der Ausübung anderer freier Berufe;
3. Wartegelder, Ruhegehälter, Witwen- und Waisenpensionen und andere Bezüge oder geldwerte Vorteile für frühere Dienstleistung oder Berufstätigkeit;
4. die Einnahmen aus einmaliger oder dauernder Tätigkeit jeder Art, insbesondere Vergütungen für Vermögensverwaltungen und für Vollstreckung von Testamenten, sowie Tantiemen und andere Vergütungen, welche den Mitgliedern der Verwaltung und des Aufsichtsrats von Aktiengesellschaften, Kommanditgesellschaften auf Aktien, Gesellschaften mit beschränkter Haftung, Genossenschaften und sonstigen Personenvereinigungen gewährt werden, bei denen der Steuerpflichtige nicht als Unternehmer (Mitunternehmer) anzusehen ist.

§ 12.

Als steuerbares Einkommen gelten nicht:

1. einmalige Vermögensanfälle, die unter §§ 20, 40 des Erbschaftssteuergesetzes vom 10. September 1919 (Reichs-Gesetzbl. S. 1543) fallen, Ausstattungen und Aussteuern;
2. Kapitalempfänge auf Grund von Lebens-, Unfall- und sonstigen Kapitalversicherungen;
3. Kapitalabfindungen, die als Entschädigung für den durch Körperverletzung oder Krankheit herbeigeführten gänzlichen oder teilweisen

Verlust der Erwerbsfähigkeit an den Steuerpflichtigen gezahlt wurden, sowie Kapitalabfindungen auf Grund der Reichsversicherung, der Militärversorgung und der Beamtenpensionsgesetze;

4. Kapitalabfindungen, die auf Grund der §§ 1298, 1299, 1300, 1712, 1714, 1715, 1716 des BGB. bezahlt wurden;
5. Kapitalabfindungen, die dem Steuerpflichtigen als Entschädigung für die durch Unfall oder Verschulden eines Dritten erfolgte Tötung eines gegenüber dem Steuerpflichtigen Unterhaltsverpflichteten gezahlt wurden;
6. die auf Grund der Militärpensions- und -versorgungsgesetze bezogenen Verstümmelungs-, Kriegs-, Luftdienst-, Alters- und Tropenzulagen, Pensions- und Rentenerhöhungen, Pflegezulagen und Schwerbeschädigtenzulagen mit den entsprechenden Ausgleichs-, Orts- und Teuerungszulagen **nebst Teuerungszuschüssen,** ferner die auf Grund des Kolonialbeamtengesetzes vom 8. Juni 1910 (Reichs-Gesetzbl. S. 881) bezogenen Tropenzulagen;
7. sonstige nach der Minderung der Erwerbsfähigkeit bemessene Versorgungsgebührnisse, die auf Grund einer infolge eines Krieges erlittenen Dienstbeschädigung bezogen werden, sowie die Kriegsversorgung der Militärhinterbliebenen, ferner die Versorgungsgebührnisse nach dem Reichsversorgungsgesetze vom 12. Mai 1920 (Reichs-Gesetzbl. S. 989), dem Reichsgesetz über die durch innere Unruhen verursachten Schäden vom 12. Mai 1920 (Reichs-Gesetzbl. S. 941) und den durch § 14 des genannten Gesetzes aufrechterhaltenen landesgesetzlichen Vorschriften;
8. die Naturalbezüge der Angehörigen der Wehrmacht (Reichswehr und Reichsmarine).
9. die mit deutschen Kriegsdekorationen verbundenen Ehrensolde;
10. Bezüge des Steuerpflichtigen aus einer Krankenversicherung;
11. Bezüge aus öffentlichen Mitteln oder aus Mitteln einer öffentlichen Stiftung, die als Unterstützungen wegen Hilfsbedürftigkeit oder als Unterstützungen für Zwecke der Erziehung oder Ausbildung, der Wissenschaft oder Kunst bewilligt sind.

§ 13.

(1) Vom Gesamtbetrage der Einkünfte sind, soweit in diesem Gesetze nichts anderes vorgeschrieben ist, in Abzug zu bringen:

1. die zu ihrer Erwerbung, Sicherung und Erhaltung gemachten Aufwendungen (Werbungskosten). Zu den Werbungskosten gehören auch:
   a) Ertragssteuern sowie solche öffentlichen Abgaben und Beiträge zur Versicherung von Gegenständen, welche zu den Geschäftsunkosten oder Verwaltungskosten zu rechnen sind,
   b) die jährlichen, den Verhältnissen entsprechenden Absetzungen für Abnutzung von Gebäuden, von Be- und Entwässerungs- und fischereiwirtschaftlichen Anlagen, von Maschinen und von sonstigem Betriebsinventar, soweit die Kosten der Beschaffung nicht als Werbungskosten in Abzug gebracht und nicht aus steuerfrei gebildeten Rücklagen (§ 59 a) gedeckt worden sind,
   c) bei Bergbauunternehmungen, Steinbrüchen und anderen einen Verbrauch der Substanz bedingenden Betrieben die Abschreibungen für die Substanzverringerung,
   d) notwendige Ausgaben, die dem Steuerpflichtigen durch Fahrten zwischen Wohnung und Arbeitsstätte erwachsen sind,

e) Mehraufwendungen für den Haushalt, die durch eine Erwerbstätigkeit der Ehefrau notwendig geworden sind;

2. die von dem Steuerpflichtigen gezahlten Schuldzinsen und die auf besonderem privatrechtlichen, öffentlich-rechtlichen oder gesetzlichen Verpflichtungsgrunde beruhenden Renten und dauernden Lasten, soweit sie nicht mit Einnahmen im wirtschaftlichen Zusammenhange stehen, die bei der Veranlagung außer Betracht zu lassen sind. Aufwendungen zur Erfüllung einer gesetzlichen Unterhaltspflicht sind nicht abzugsfähig, auch wenn sie auf Grund einer privatrechtlichen Verpflichtung erfolgen;

3. Beiträge, die der Steuerpflichtige für sich und seine nicht selbständig veranlagten Haushaltungsangehörigen zu Kranken-, Unfall-, Haftpflicht-, Angestellten-, Invaliden- und Erwerbslosenversicherungs-, Witwen-, Waisen- und Pensionskassen gezahlt hat, soweit sich der Gegenstand der Versicherung auf die bezeichneten Gefahren beschränkt;

4. Beiträge zu Sterbekassen bis zu einem Jahresbetrage von insgesamt **eintausend** Mark.

5. Versicherungsprämien, welche für Versicherungen des Steuerpflichtigen oder eines seiner nicht selbständig veranlagten Haushaltungsangehörigen auf den Todes- oder Lebensfall gezahlt werden, soweit sie den Betrag von **achttausend** Mark jährlich nicht übersteigen;

5a. **Spareinlagen bis zu einem Betrage von achttausend Mark jährlich, sofern die Rückzahlung des Kapitals nur für den Todesfall oder für den Fall des Erlebens innerhalb einer Zeit von nicht weniger als 20 Jahren vereinbart ist und die Vereinbarung unter Verzicht beider Vertragsteile auf eine Abänderung oder Aufhebung dem zuständigen Finanzamt angezeigt wird.**

6. Beiträge zu den öffentlich-rechtlichen Berufs- oder Wirtschaftsvertretungen sowie zu Berufsverbänden ohne öffentlich-rechtlichen Charakter, deren Zweck nicht auf einen wirtschaftlichen Geschäftsbetrieb gerichtet ist;

6a. **Steuern an die in Artikel 137 der Reichsverfassung genannten Körperschaften, soweit diese Steuern in dem nach § 29 Abs. 1 für die Veranlagung maßgebenden Kalenderjahre fällig geworden sind;**

7[1][2]. **Einmalige und regelmäßige** Beiträge an inländische Vereinigungen, die ausschließlich wissenschaftliche, künstlerische, kirchliche, mildtätige oder gemeinnützige Zwecke verfolgen, soweit der Einzelbetrag zweihundert Mark übersteigt und der Gesamtbetrag dieser Beträge zehn vom Hundert des Einkommens des Steuerpflichtigen nicht übersteigt. Das nach Abzug dieser Beiträge verbleibende steuerbare Einkommen wird mit dem gleichen Hundertsatz besteuert, der sich ohne diesen Abzug ergibt;

8. Verluste aus einzelnen Veräußerungsgeschäften, sofern der Erwerb des veräußerten Gegenstandes zum Zwecke der gewinnbringenden Wiederveräußerung (Spekulationsverluste) erfolgt ist und die Veräußerungsgeschäfte nicht zum Gewerbebetrieb des Steuerpflichtigen gehören.

---

[1]) In Kraft getreten mit dem 1. April 1921.

[2]) Die für das Rechnungsjahr 1920 gültige Vorschrift des § 13 Abs. 1 Nr. 7 des Einkommensteuergesetzes vom 29. März 1920 lautet:

7. Beiträge an kulturfördernde, mildtätige, gemeinnützige und politische Vereinigungen, soweit ihr Gesamtbetrag zehn vom Hundert des Einkommens des Einkommensteuerpflichtigen nicht überschreitet;

Der Abzug nach Abs. 1 findet nur bis zur Höhe der Gewinne aus einzelnen Veräußerungsgeschäften statt, die gemäß § 11 Nr. 5 bei Ermittelung des steuerbaren Einkommens für das betreffende Kalenderjahr in Ansatz gebracht worden sind.

(2) Ist die persönliche Steuerpflicht nur nach § 2 Nr. II begründet, so ist der Abzug der in Abs. 1 Nr. 3 bis **5a** und 7 aufgeführten Beiträge überhaupt nicht, der der übrigen im Abs. 1 genannten Aufwendungen nur insoweit statthaft, als sie mit dem steuerbaren Einkommen im wirtschaftlichen Zusammenhange stehen.

(3) **Die Abzüge gemäß Abs. 1 Nr. 5 und 5a dürfen zusammen den Betrag von 8000 Mark jährlich nicht übersteigen.**

§ 16.

(1) Ehegatten, welche nach § 2 Nr. I steuerpflichtig sind und nicht dauernd voneinander getrennt leben, werden zusammen zur Einkommensteuer veranlagt, und zwar vom Beginne des Kalenderjahrs an, das dem Eintritt der Voraussetzungen folgt, bis zum Schlusse des Kalenderjahrs, das dem Wegfall der Voraussetzungen vorangeht. Bezieht die Ehefrau Arbeitseinkommen (§ 9) aus Beschäftigung in einem dem Ehemann fremden Betriebe, so wird sie mit diesem Einkommen selbständig zur Einkommensteuer veranlagt.

(2) Für die vermögensrechtlichen Beziehungen der Ehegatten untereinander gilt jeder Ehegatte als Schuldner des Abgabeteils, der nach den Verhältniszahlen berechnet wird, die sich ergeben, wenn jeder Ehegatte getrennt mit seinem Einkommen veranlagt worden wäre.

§ 17.

(1) Ein nach § 2 Nr. I steuerpflichtiger Haushaltungsvorstand wird mit seinen zu seiner Haushaltung zählenden minderjährigen Kindern zusammen zur Einkommensteuer veranlagt, und zwar vom Beginn des Kalenderjahrs an, das dem Eintritt der Voraussetzungen folgt, bis zum Schlusse des Kalenderjahrs, das dem Wegfall der Voraussetzungen vorangeht. Bezieht das minderjährige Kind Arbeitseinkommen (§ 9), so wird es mit diesem Einkommen selbständig zur Einkommensteuer veranlagt.

(2) Als Kinder im Sinne des Abs. 1 gelten neben den Abkömmlingen des Haushaltungsvorstandes auch Stief-, Schwieger-, Adoptiv- und Pflegekinder sowie deren Abkömmlinge.

(3) Im Falle der Zusammenveranlagung haften der Haushaltungsvorstand und die Kinder nebeneinander für die Steuer.

(4) Die Vorschrift des § 16 Abs. 2 findet entsprechende Anwendung.

§ 21.

„Die Einkommensteuer beträgt

für die ersten angefangenen oder vollen **100000** Mark des steuerbaren Einkommens **10** vom Hundert,

für die weiteren angefangenen oder vollen **50000** Mark des steuerbaren Einkommens **15** vom Hundert,

für die weiteren angefangenen oder vollen **50000** Mark des steuerbaren Einkommens **20** vom Hundert,

für die weiteren angefangenen oder vollen **50000** Mark des steuerbaren Einkommens **25** vom Hundert,

für die weiteren angefangenen oder vollen **150000** Mark des steuerbaren Einkommens **30** vom Hundert,

für die weiteren angefangenen oder vollen **200000** Mark des steuerbaren Einkommens **35** vom Hundert,
für die weiteren angefangenen oder vollen **200000** Mark des steuerbaren Einkommens **40** vom Hundert,
für die weiteren angefangenen oder vollen **200000** Mark des steuerbaren Einkommens **45** vom Hundert,
für die weiteren angefangenen oder vollen **1000000** Mark des steuerbaren Einkommens **50** vom Hundert,
für die weiteren angefangenen oder vollen **1000000** Mark des steuerbaren Einkommens **55** vom Hundert,
für die weiteren Beträge **60** vom Hundert."

§ 26.

(1) „Die nach §§ 21 bis 25 berechnete Einkommensteuer ermäßigt sich

a) um je **480***) Mark für den Steuerpflichtigen und für seine nicht selbständig zu veranlagende Ehefrau, wenn das steuerbare Einkommen nicht mehr als **100000** Mark beträgt,

b) um je **960***) Mark für jedes zur Haushaltung des Steuerpflichtigen zählende minderjährige Kind, das nicht selbständig zur Einkommensteuer zu veranlagen ist, wenn das steuerbare Einkommen nicht mehr als **300000** Mark beträgt.

Die Ermäßigung wird auch für solche Kinder gewährt, die Arbeitseinkommen beziehen, sofern sie das 17. Lebensjahr noch nicht vollendet haben.

c) **um 2000 Mark für Steuerpflichtige, die über 60 Jahre alt oder erwerbsunfähig oder nicht bloß vorübergehend behindert sind, ihren Lebensunterhalt durch eigenen Erwerb zu bestreiten, sofern das steuerbare Einkommen den Betrag von 50000 Mark nicht übersteigt und sich hauptsächlich aus Kapitaleinkommen und Bezügen der im § 9 Nr. 3 oder im § 11 Nr. 1 bezeichneten Art zusammensetzt oder hauptsächlich aus einer von diesen Einkommensarten besteht. Auf den Betrag von 2000 Mark wird der gemäß § 46 Abs. 2 Nr. 3 bereits berücksichtigte Betrag angerechnet.**

Bei der Veranlagung können besondere wirtschaftliche Verhältnisse, die die Leistungsfähigkeit des Steuerpflichtigen wesentlich beeinträchtigen, durch Ermäßigung oder Erlaß der Einkommensteuer berücksichtigt werden, sofern das steuerbare Einkommen **200000** Mark nicht übersteigt. Als Verhältnisse dieser Art gelten insbesondere außergewöhnliche Belastungen durch Unterhalt und Erziehung der Kinder, durch Verpflichtung zum Unterhalte mittelloser Angehöriger, durch Krankheit, Körperverletzung, Verschuldung, Unglücksfälle oder durch besondere Aufwendungen im Haushalt infolge einer Erwerbstätigkeit der Ehefrau.

§ 27.

Die Vorschriften des § 26 finden im Falle der Steuerpflicht nach § 2 Nr. II keine Anwendung.

---

*) Bei der Veranlagung für das Kalenderjahr 1922 betragen die Ermäßigungen nach § 26 Abs. 1 statt je **480** Mark und je **960** Mark nur je **340** Mark und je **610** Mark (s. Art. III Abs. 1 des Ges. vom 20. Juli 1922).

§ 28.

Bei Steuerpflichtigen, welche im Inland weder einen Wohnsitz noch ihren Aufenthalt haben, bleibt der Anteil des Landes und der Gemeinde (Gemeindeverbandes) an der geschuldeten Einkommensteuer unerhoben, soweit diese nicht auf Einkommen aus inländischem Grundbesitz oder Gewerbebetrieb entfällt. Dies gilt nicht für Deutsche, soweit und solange sie nach dem Gesetze gegen die Steuerflucht vom 26. Juli 1918 (Reichs-Gesetzbl. S. 959) der inländischen Steuerpflicht in Beziehung auf die Personalsteuern des Reichs und der Länder unterworfen bleiben.

§ 34.

(1) Bei Ermittlung des steuerbaren Einkommens der Reichs-, Staats- und Gemeindebeamten, Geistlichen, Kirchenbeamten, Lehrer an öffentlichen Unterrichtsanstalten und Militärpersonen bleibt die zur Bestreitung des Dienstaufwandes gewährte Entschädigung oder der hierzu nach ausdrücklicher Anordnung bestimmte Teil des Gehalts oder einer etwaigen Zulage außer Ansatz.

(2) Die aus öffentlichen Kassen gewährten Aufwandsentschädigungen, Tagegelder und Reisekosten bleiben gleichfalls außer Berechnung.

(3) Bei Ermittlung des steuerbaren Einkommens der in privaten Dienst- oder Auftragsverhältnissen stehenden Personen sind die Entschädigungen, welche nach ausdrücklicher Vereinbarung zur Bestreitung des durch den Dienst oder Auftrag veranlaßten Aufwandes gewährt werden, insoweit außer Ansatz zu lassen, als ihr Betrag den erforderlichen Aufwand nicht übersteigt.

(4) Das im Genuß einer Dienstwohnung bestehende Einkommen ist unter billiger Berücksichtigung der durch den Dienst erforderlichen Bedürfnisse und der dem Inhaber obliegenden Lasten zu veranschlagen.

§ 37.

Geldwerte Einkommensteile, wie Naturalien, Waren, Genuß von Rechten und Gütern, Wohnung, Kost, Ausbeuten und verwertete Dienstleistungen, sind — soweit nichts anderes bestimmt ist — nach den ortsüblichen Mittelpreisen anzusetzen.

Strafvorschriften.

§ 53.

Wer die nach diesem Gesetze zu entrichtende Steuer hinterzieht, wird mit einer Geldstrafe im fünf- bis zwanzigfachen Betrage der hinterzogenen Steuer bestraft. Neben der Geldstrafe kann auf Gefängnis erkannt werden.

§ 53 a[1]).

(1) Wer den Vorschriften der §§ 45 bis 47, 50 und 51 oder den auf Grund der §§ 40a, 51 Abs. 2, 52d getroffenen Bestimmungen vorsätzlich zuwiderhandelt, wird mit einer Geldstrafe bis zu hunderttausend Mark oder mit Gefängnis bestraft, soweit nicht nach § 53 oder nach der Reichsabgabenordnung eine höhere Strafe verwirkt ist. Liegen mildernde Umstände vor, so ist auf Geldstrafe bis zu zwanzigtausend Mark zu erkennen.

---

[1]) In Kraft seit dem 31. März 1921.

(2) Wer den im Abs. 1 bezeichneten Vorschriften oder Bestimmungen fahrlässig zuwiderhandelt, wird mit Geldstrafe bis zu zwanzigtausend Mark bestraft.

§ 53b[1]).

Wer Steuermarken in der Absicht, daß sie als echt verwendet werden, fälschlich anfertigt oder verfälscht, oder wer sich in dieser Absicht falsche Steuermarken dieser Art verschafft, wird mit Gefängnis nicht unter drei Monaten bestraft; ebenso wird bestraft, wer vorsätzlich falsche Steuermarken als echt verwendet, feilhält oder in Verkehr bringt.

§ 53c[1]).

Wer vorsätzlich bereits verwendete Steuermarken als gültig wiederverwendet oder in der Absicht, daß sie als gültig wiederverwendet werden, sich verschafft, feilhält oder in Verkehr bringt, wird mit Gefängnis bis zu sechs Monaten oder mit Geldstrafe bis zu zehntausend Mark bestraft.

§ 53d[1]).

(1) Wer zum Zwecke der Fälschung von Steuermarken

1. Formen oder andere Gerätschaften, die zur Ausführung einer Steuermarkenfälschung dienen können,
2. Papier, das einer zur Herstellung der Steuermarken bestimmten Papierart gleich oder zum Verwechseln ähnlich ist, anfertigt, sich verschafft, feilhält oder einem andern überläßt,

wird mit Gefängnis bis zu zwei Jahren oder mit Geldstrafe bis zu zwanzigtausend Mark bestraft.

(2) Den Formen oder Gerätschaften stehen die mit solchen Formen oder Gerätschaften hergestellten Abdrucke gleich.

§ 53e[1]).

Die falschen, wiederverwendeten oder zur Wiederverwendung bestimmten Steuermarken sind einzuziehen, auch wenn sie dem Täter nicht gehören; das gleiche gilt für Formen, Gerätschaften, Abdrucke und Papier der im § 53d bezeichneten Art.

§ 53f[1]).

Sind wegen Hinterziehung der Einkommensteuer Strafen verwirkt, so werden sie neben den in §§ 53b bis 53c vorgesehenen Strafen verhängt.

§ 55.

(1) Abweichend von der Vorschrift des § 2 Nr. I sind Auslandsdeutsche im Sinne des § 20 Abs. 1 Nr. 3 des Gesetzes gegen die Steuerflucht vom 26. Juli 1918 (Reichs-Gesetzbl. S. 951) vom Schlusse des Monats ab, in dem sie in das Ausland zurückkehren, von der Einkommensteuer befreit. Die Vorschrift des § 21 des Gesetzes gegen die Steuerflucht findet auf die Einkommensteuer nach § 2 Nr. I entsprechende Anwendung, soweit es sich nicht um Steuerpflichtige im Sinne des § 2 Nr. I, 1 Abs. 2 handelt.

(2) Von der Einkommensteuer nach § 2 Nr. I sind ferner Deutsche befreit, welche in den auf Grund des Friedensvertrages aus dem Deutschen Reiche ausgeschiedenen Gebieten bereits seit mindestens zwei Jahren vor dem für das Ausscheiden maßgebenden Zeitpunkt einen Wohnsitz oder ihren gewöhnlichen Aufenthalt haben, ohne in den bei dem Deutschen Reiche verbliebenen Gebieten einen Wohnsitz zu haben.

Sachregister.

Die großen arabischen Zahlen z. B. 66—69 beziehen sich auf die Paragraphen der EStADB., die **Zahlen in Fettdruck** auf die Paragraphen des EStGes., die mit denselben verbundenen kleinen Zahlen (z. B. **46**[18]) auf die Erläuterungen zu den Paragraphen des Gesetzes.

A.

B.

F.

G.

T.

U.

V.

W.

Z.

MIX
Papier | Fördert gute Waldnutzung
FSC® C083411

Kolibri 360 GmbH
Ferdinand-Jühlke-Straße 7
99095 Erfurt, Deutschland
produktsicherheit@kolibri360.de